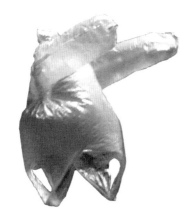

A Study of Business
Models in Performing
Arts Enterprises
Theory and Cases

# 演艺企业
# 商业模式研究

## 理论和个案

林洁 /著

ZHEJIANG UNIVERSITY PRESS
浙江大学出版社

# 前　言

近年来,国家相继出台了一系列旨在促进文化产业发展的政策和措施,大力推动文化产业成为国民经济支柱产业,文化产业迎来黄金发展期,演艺产业亦成为发展重点。

本书以演艺企业作为研究对象,以商业模式为核心命题,分析演艺企业如何基于产业价值链的视角设计自身商业模式,实现企业价值的最大化。全书由理论和观点、实践和案例、启示和建议三部分组成。

在对演艺产业相关文献回顾与论述的基础上,第一章侧重于理论工具的建立,对价值链、产业链和产业价值链概念做了梳理、辨析,并结合已有文献提出商业模式构成要素,提出商业模式是对基于产业价值链的企业价值活动进行有效组合的制度安排;第二章介绍中国演艺产业发展概况,分析演艺产业相关主体的职能,挖掘寻找数据背后的产业真相,总结概括我国演艺产业发展现状的若干特点;第三章分析演艺产业价值链的特点,剖析和提炼演艺产业价值链构成的三个阶段;第四章从产业价值链视角,总结了演艺企业商业模式的若干类型。

第五至七章由个案研究组成,对分别实行价值创新型商业模式、纵向一体化型商业模式、产业关联型商业模式的三家企业——爱丁堡前沿剧展策展团队、日本四季剧团、宋城演艺发展股份有限公司,深度分析企业如何基于产业价值链设计商业模式,细致阐述了其商业模式的各个构成要素,并从中总结出若干启示。

1

第八章概括和提出了我国演艺企业商业模式的多重面向,并从政策、科技、IP、产业价值等多维度讨论演艺产业的创新和发展空间。

全书立足于对演艺产业价值和产业属性的深刻认识,以及对案例企业的深入研究,旨在帮助演艺企业运用商业模式工具,获取和保持竞争优势,并最终有利于演艺产业的健康良性发展。

# 目　录

## 第一篇　理论和观点

1

## 第二篇　实践和案例

## 第三篇　启示和建议

## 附　录　剧　评

# 绪　论

本章首先明确全书的研究对象,是演艺企业如何基于产业价值链分化、整合的视角进行商业模式设计;其次对文化产业和演艺产业相关文献进行回顾与论述;最后对研究框架和研究方法做了概要陈述。

## 第一节　研究背景和研究对象

### 一、研究背景

从"文化大发展大繁荣"到"坚定文化自信,建设文化强国",文化在国民经济与社会发展中的重要性日益提升。近年来,国家相继出台了《文化产业振兴规划》《国家"十三五"时期文化发展改革规划纲要》等一系列利好政策,大力推动文化产业成为国民经济支柱性产业,文化产业迎来黄金发展期,演艺和影视、出版、动漫等成为文化产业发展重点。本书的研究正是基于文化产业的发展背景,以及当前理论面和实践面的现状而展开。

重视和发展文化产业,是由于它对于人类的过去、现在和未来都负有重要的责任。对于过去的责任,在于保护和开发人类的文明成果和文化资源,使其成为人类继续发展的动力和重要资源;对于现在的意义,在于丰富人类的生活,提高人们的生存质量,建构和谐繁荣的文化生态,促进经济的发展和社会结构的升级;对于未来的意义,在于培养具有广泛人文关怀和良好精神风貌的新人,建设可持续发展的和谐社会。①

发展文化产业,首先必须认清文化和经济的关系,两者之间的关系可概括为四种模式,即福利模式、竞争模式、增长模式和创新模式。具体来说,福利模式指文化是一种公共荣誉产品,广义上的文化可以从经济领域获得收益;竞争模式指文化产业不是经济落后者,也不是更高意义上的特殊产品的提供者,只是另一种产业;增长模式强调文化创意产业是一个特别部门,它会影响其他部门的发展,是经济发展的驱动力量;创新模式指文化创意产业的经济价值源于它们在协调新观点和新技术乃至经济和文化的变化过程时的贡献,文化创意产业的价值在于发展和应用新知识。②在表演艺术领域,上述四种模式同时存在,例如交响乐、芭蕾、昆曲等侧重于福利模式,音乐剧、商业话剧等产品偏向竞争模式,而从一般意义上讲,文化产业的增长模式和创新模式广泛存在于表演艺术的所有领域。因此,对于文化产业的价值,必须从经济和文化、长期和短期利益、有形和无形回报、本体和衍生价值等多方面统筹认识。

近年来,关于文化产业的研究日渐增多,但是在理论层面探讨意义的多,在实践层面关注问题的少。虽然表演艺术历史悠久,但从产业的角度来看,中国演艺产业尚处于产业生命周期的初期,对于产业的研究成果不多。本书以产业价值链和商业模式为核心命题,把企业作为一个与上下游紧密联系的单位,放入整个产业链条中进行考察,分析演艺企业如何在产业价值链中定位,然后通过商业模式设计,在激烈市场中获取竞争优势,追求价值的最大化。本书对于演艺企业商业模式的研究具备一定的前沿性。

---

① 魏鹏举.反思文化创意产业冲动[J].人民论坛,2007(14):56—57.
② 转引自向勇,刘静.文化产业应用理论[M].北京:金城出版社,2011:10.

### 二、研究对象和创新点

文化创意产业的主体是指在文化创意产品的创造、生产、提供、传播等一系列产业环节中有着较为密切的价值关联的各类厂商、机构组织等①，本书的研究对象是作为演艺产业主体的演艺企业。

本书对演艺产业价值链和演艺企业商业模式等相关问题做了全面、系统和深入的研究，提出演艺产业价值链构成的三个发展阶段；在前人研究基础上提出了商业模式构成要素，将产业价值链和商业模式研究有机结合，从产业价值链角度对演艺企业商业模式进行归纳总结，并且对三家代表性企业进行了深入解剖。

本书有以下创新点：

第一，理论面，提出商业模式设计步骤，即第一步，产业价值链分析；第二步，在产业价值链基础上构建企业价值链；第三步，根据企业价值链设计商业模式。

第二，实践面，提出演艺产业价值链构成，并归纳了产业价值链视角的演艺企业商业模式类型。

第三，应用面，通过对业内领先企业的案例研究，解剖前沿的商业模式创新实践，对行业具有启发和示范价值。

# 第二节　文献综述

国内关于演艺产业价值链和商业模式的研究成果较少，相关研究仅有几篇关于旅游演艺商业模式的学位论文，因此，笔者将关注的视野扩大到文化产业研究，继而逐步缩小主题至文化产业价值链和商业模式研究，

---

① 魏鹏举.文化创意产业导论[M].北京:中国人民大学出版社,2010:73.

然后再对演艺产业研究进行梳理归纳。

## 一、文化产业研究回顾

文化产业理论研究起源于德国著名思想家瓦尔特·本雅明(Walter Benjamin)的"机械复制艺术"理论和德国法兰克福学派文化工业批判理论。本雅明对文化产业理论发展最为重要的贡献在于他强调了技术对于文化艺术发展的重要作用以及文化艺术与经济活动不可分割的关系;法兰克福学派创造了"文化工业"(culture industry)一词,指出它是大众文化的资本主义生产方式,批判在资本渗透和运作下的大工业生产方式将文化包括文学、艺术、报刊、广播、电视等所有文化产品完全商品化和市场化,将文化产品完全等同于一般物质产品。①

随着社会经济的快速发展和科学技术的不断进步,"文化工业"这一批判性语境逐渐转向文化研究的中性语境,进而发展成肯定语境。20世纪80年代后,"文化产业"(culture industries)成为专有名词,越来越多的学者开始关注大众文化的文化属性和产业属性,关注文化产品的创意价值的两个层面:艺术价值和商业价值。1998年以来,随着西方各国选择文化产业作为社会经济的支柱性产业发展,文化产业应用研究开始兴起,学者们从经济学、管理学、文化学等多学科角度,对文化产品的研发、生产和经营,文化企业管理和运作以及文化产业的战略与商业模式等方面进行研究,侧重于解决文化产业的实际问题。②

近年来,艺术和文化的经济学已然成为经济学领域的新分支,受到了认可和关注,全世界范围内对经济和文化之间关系的研究兴趣越来越浓。澳大利亚昆士兰科技大学媒介传播学教授 Stuart Cunningham,John Banks 和 Jason Potts 将文化和经济的关系归纳成四种模式,即福利模式、竞争模式、增长模式和创新模式;哈佛大学经济学与商业管理学教授理查

---

① 向勇.创意领导力——创意经理人胜任力研究[M].北京:北京大学出版社,2011:55—70.
② 同上.

德·E.凯夫斯(Richard E.Caves)研究了包括视觉艺术、表演艺术在内的艺术创作产业的组织形式,运用产业经济学理论和合同理论,分析创意产业特点,阐明此类领域的组织结构、交易过程及合同特点。①

澳大利亚麦考瑞大学经济学教授戴维·思罗斯比(David Throsby)从学术话语领域和社会组织系统两个层面思考了经济学与文化的关系,在价值理论基础上,发展了经济价值与文化价值概念,提出文化价值包含了审美价值、精神价值、社会价值、历史价值、象征价值和真实价值等构成要素,可以通过不同的度量工具来衡量。他认为,"从广义来说,文化是由共同价值观、信仰、传统和生活方式等结合在一起构成的系统,文化已经不再处于经济发展的边缘,而是处于发展进程的核心,并与发展进程缠绕在一起,文化为经济进步的发展提供了环境,而且,从个人需要的视角看,它正是发展的目标"②。

在文化政策方面,英国文化学派第二代代表人物吉姆·麦圭根(Jim McGuigan)研究了新自由主义全球化时代的文化、经济和权力问题,他将文化政策话语分为国家话语、市场话语和市民交流话语,并论述了三种话语的关系:在国家话语里,国家被视为文化政策里的关键动因,政府对文化事业进行补助;市场话语的政策放手让市场发挥作用,市场力量被视为神圣不可侵犯;当前从国家话语向市场话语变迁的趋势非常明显;市民交流话语源于市民社会,它关注交流和文化的民主化,并构成上述两种话语的对立面。③ 美国福坦莫大学经济学教授詹姆斯·海尔布伦(James Heilbrun)和圣托马斯大学经济学教授查尔斯·M.格雷(Charles M. Gray)从艺术的历史发展着眼,考察表演艺术和美术方面的生产和消费、艺术市场的机能、表演艺术公司和博物馆的财务问题以及公共政策所起

---

① 理查德·E.凯夫斯.创意产业经济学——艺术的商业之道[M].北京:新华出版社,2004.

② 戴维·思罗斯比.经济学与文化[M].王志标,张峥嵘,译.北京:中国人民大学出版社,2011:171-177.

③ 吉姆·麦圭根.重新思考文化政策[M].何道宽,译.北京:中国人民大学出版社,2010:5.

的关键作用。①

美国加利福尼亚大学洛杉矶分校公共政策系教授艾伦·J. 斯科特（Allen J. Scott）从文化、经济与技术相互融合的角度探讨了文化产业与城市产业集聚之间的密切关系，阐释了现代文化产业的经济逻辑和经济结构，解释了世界性城市成为现代文化产业发源地的根本原因。他认为不仅经济根植于文化之中，而且文化也深深地根植于经济之中，文化领域与经济领域的强有力融合已经成为当代社会的基本现实，他的观点对文化理论与经济分析产生了重要影响。②

在国内，对于文化市场的研究始于 20 世纪 80 年代中后期，"文化产业"概念在 20 世纪 90 年代起得到正式使用，③2000 年首次见诸官方文件，文化产业研究自此进入活跃期。对于快速增加的文化产业研究成果，《文化产业应用理论》一书进行了初步总结，收录理论 159 条，归纳了研究文化产业的多种角度，如精神经济、创意产业、体验经济和生态学等，简要地说，精神经济作为以精神因素为主要内容的经济形态，正逐步成为新的经济增长点；英国率先提出的创意产业概念——从个人的创造力、技能和天分中获取发展动力的企业，以及那些通过对知识产权的开发创造潜在财富和就业机会的活动——在全世界掀起了创意产业的热潮；此后，美国经济学家对体验经济进行阐述，提出人类已进入了以服务为舞台，以商品为道具，以消费者为中心的体验经济时代；进入 20 世纪以来，从生态学的角度研究文化、文化产业的例子也屡见不鲜，形成了生态文化学理论、组织生态理论等特色理论与研究方法。④

国内的文化产业研究主要由基础研究、政策研究、文化经济研究、地域和行业研究等组成，关注范围十分广泛，仅以笔者关注的文化产业价值

---

① 詹姆斯·海尔布伦，查尔斯·M.格雷.艺术文化经济学[M].詹正茂，译.北京：中国人民大学出版社，2007.

② 艾伦·J.斯科特.城市文化经济学[M].董树宝，张宁，译.北京：中国人民大学出版社，2010.

③ 陈少峰，朱嘉.中国文化产业十年[M].北京：金城出版社，2010：4.

④ 向勇，刘静.文化产业应用理论[M].北京：金城出版社，2011：24-26.

为研究对象，代表性成果有：全国政协副主席、上海创意产业协会会长厉无畏提出构建以价值为核心，把文化创意、技术、产品和市场有机结合起来的价值系统；①中国传媒大学文化产业研究院院长范周教授提出推动文化产业由"链条"向"网状"发展；②中央财经大学文化创意产业研究院执行院长魏鹏举教授认为文化创意产业首先要满足、深化和涵养本土的文化体验与文化消费，在以创意提升产业附加值的同时也培育涵养全民创意活力，增强本土文化创意产业的竞争与创新能力；③上海社会科学院文化研究室主任花建研究员认为，文化产业对社会的贡献，远远超过了一般意义上的文化产品销售获得的直接收益，而重在对人的塑造，提高人的活力、创造力和竞争力，提高人的综合素质。④ 诸多学者从文化与经济、城市、技术、人本关系等角度，对文化产业的价值进行了多重探讨，但总的来说，国内文化产业研究的理论前瞻性和学理严谨性都有所不足，较多停留在对政策和形势的解读上，在文化产业实践不断创新的当下，对于实践的阐述、研究和指导不够充分，甚至理论滞后于实践，故此，本书希望能做出一点积极的尝试。

## 二、文化产业价值链与商业模式研究梳理

20世纪末，英国学者查尔斯·兰德里(Charles Landry)首次将价值生产链分析法(Value Production Chain Analysis)引入到对文化产业的应用研究，提出文化产业价值链包括五个价值环节：创意的形成、从创意到产品、产品的流通、发送机构、最终消费者的接受。⑤ 英国利兹大学传媒学教授大卫·赫斯蒙德夫(David Hesmondhalgh)将文化产业的特征概括为高

---

① 厉无畏.创意产业的价值体系与创新型城市建设[J].规划师,2008(1):18—20.
② 范周.中国文化产业新思考[M].北京:光明日报出版社,2010:71—74.
③ 魏鹏举.全球化的本土振兴:中国的文化创意产业与内生经济增长[J].北大文化产业评论,2006(2):150—159.
④ 花建.产业界面上的文化之舞[M].上海:上海人民出版社,2001.
⑤ 向勇.文化产业人力资源开发[M].长沙:湖南文艺出版社,2006:10.

风险产业、高生产成本和低复制成本、准公共物品性,并提出文化企业进行产业链整合的几种途径:横向一体化、纵向一体化、国际化、多部门与多媒体整合等。①

国内学者对文化产业价值链的研究,代表性的有:郭新茹和顾江认为文化产业价值链不同于一般产业价值链,它主要由创意内容的策划、文化产品的设计和生产制作、市场推广、消费者服务等环节组成,文化产业有基于产业价值链定位、资源优化整合和顾客价值创造三种盈利模式;②邢华提出了文化创意产业价值链结构表现为网状价值链和线性价值链两种形式,文化产业价值链整合可以通过在产业价值链的关键点上进行重点突破,进而通过产业价值链各节点的互动带动整个产业提升的方式进行;③何群认为文化产业链是一个由多种环节、多个层面的因素所构成的关联体系,在产业链的核心,是由策划制作、产品生产、产品流通销售、延伸产品开发等互相承接的环节组成,围绕着这个核心,分布着技术设备、资本市场、调查咨询等密切关联的服务环节;④朱欣悦等提出了拓展文化产业价值链的三条对策,即推进文化产业与相关产业融合发展、文化产业价值链纵向延伸和横向拓展。⑤

北京大学文化产业研究院副院长陈少峰教授是国内较早进行文化产业商业模式研究的学者,先后出版多部著作,其 2006 年出版的《文化产业战略与商业模式》,提出从战略的高度和商业模式的视角探索文化产业的可持续盈利之道;⑥2009 年出版的《文化产业读本》将文化产业领域商业模式提炼为 39 种基本形态,包括产业链经营的商业模式、产业集聚的商

---

① 大卫·赫斯蒙德夫.文化产业[M].张菲娜,译.北京:中国人民大学出版社,2007:20—23.

② 郭新茹,顾江.基于价值链视角的文化产业赢利模式探析[J].现代经济探讨,2009(10):38—42.

③ 邢华.文化创意产业价值链整合及其发展路径探析[J].经济管理,2009(2):37.

④ 何群.文化生产及产品分析[M].北京:高等教育出版社,2006:10.

⑤ 朱欣悦,李士梅,张倩.文化产业价值链的构成及拓展[J].经济纵横,2013(7):74—77.

⑥ 陈少峰.文化产业战略与商业模式[M].长沙:湖南文艺出版社,2006.

业模式、文化产业跟其他产业融合的商业模式、连锁经营的商业模式等；①
2011年，陈少峰与张立波合著出版《文化产业商业模式》，将文化产业领域
比较成熟的商业模式归纳和提炼为6大组共60种类型，6大组分别为行
业化的商业模式、基础型的商业模式、内在能力型的商业模式、提升型的
商业模式、资源整合型的商业模式和与资本运作结合的商业模式等。②

学者陈亚民、吕天品提出文化产业商业模式由价值主张、消费者目标
群体、分销渠道与合作伙伴网络、价值配置与核心能力四个要素构成，并
根据文化产业特性逐项进行了分析；③谢晓鹏提出价值链延伸下的商业模
式创新类型，即纵向延伸型、波及延伸型、内部延伸型、交叉延伸型，并进
行了价值链延伸与商业模式创新关系的实证研究。④

商业模式的研究，既有反映商业模式内涵与要素构成的元模式研究，
也有反映商业模式类别特征的子模式研究，较多的是反映特定企业经营
特征的具体模式研究，但是综观现有研究成果，对于文化产业子行业的商
业模式研究，比较集中在电影、电视、传媒、动漫等领域，如蒲元瀛《中国电
影商业模式分析及实证研究》、郭错《价值链视角下电视传媒企业商业模
式创新研究》等，对演艺行业和具体企业的商业模式所做的研究则较为
少见。

## 三、演艺产业研究综述

关于表演艺术的本体研究，如编剧、导演、表演艺术的研究成果非常
丰厚，但关于演艺产业经营方面的书籍，作为学术著作并不多见，面世的
较多为案例读物，如上海大剧院艺术中心前总裁方世忠所著《世界演艺行
业：国际对标和中国案例》和《都市戏剧产业：国际对标和中国案例》，对国
外综合性演艺中心、大型剧院、著名表演团体等做了资料性介绍；单个案

① 陈少峰.文化产业读本[M].北京：金城出版社，2009：221.
② 陈少峰，张立波.文化产业商业模式[M].北京：北京大学出版社，2011：151－168.
③ 陈亚民，吕天品.文化产业的商业属性及商业模式[J].商业研究，2010(3)：153－157.
④ 谢晓鹏.价值链延伸下的文化企业商业模式创新研究[D].南宁：广西大学，2014.

例专著如王翔浅女士的《艺术与经营的奇迹——浅利庆太和他的四季剧团》,对成立 60 年在亚洲创造了音乐剧神话的日本四季剧团,做了非常详尽的描述和解读,堪称近年来演艺产业最佳案例读物。

作为文化产业经典案例丛书作品的《激流勇进·上海话剧艺术中心改革发展纪实》和《破冰之旅——上海大剧院巡礼》,分别回顾和总结了上海话剧艺术中心在国有表演艺术院团体制改革方面的成功经验,及上海大剧院自 1994 年到 2012 年的发展历程和突破常规经营理念的意义和启示。《山水式中国狂想:梅帅元与印象·刘三姐》《山歌唱出十个亿:印象·刘三姐幕后的故事》,以讲故事的手法讲述第一台山水实景演出《印象·刘三姐》的曲折成长路;黄巧灵编著的《麒麟才子说演艺丛书》,详细阐述了宋城演艺出品的旅游演艺节目《宋城千古情》《三亚千古情》《丽江千古情》《九寨千古情》的总导演思想、采风与创作过程、剧目与历史等,这些著作均偏向公司或项目宣传的性质。

宏观层面的著作,如中国文化报社出版的《中国演出业创新与发展研究》,比较全面地反映了中国演艺产业发展状况,内容包括业务探讨、案例研究、经验交流、现象点评、参考借鉴五大板块,有许多来自政界、业界的真知灼见。[1] 北京大学每年出版《中国文化产业年度发展报告》,其中“演出产业年度发展报告”,从总票房、演出团体和剧院、票务等经营主体、重点市场以及全球推广等不同角度进行年度总结和评价。[2]

对演艺产业经营层面的研究,较多集中在旅游演艺这一分支领域上,陈叶萍在价值链理论的基础上,结合旅游演艺企业的特征与发展现状,分析旅游演艺企业的价值链以及价值链系统,建立企业竞争力模型,构建动态的旅游演艺企业核心竞争力体系;[3]余琪归纳了大型旅游演艺产品的突出特征,将其分为主题公园、实景、剧场、巡演以及其他五种类型;[4]李幼常

---

[1] 中国文化报社.中国演出业创新与发展研究[M].北京:中国文联出版社,2007.
[2] 叶朗.中国文化产业年度发展报告(2012)[M].北京:北京大学出版社,2012.
[3] 陈叶萍.基于价值链的国内旅游演艺企业核心竞争力研究[D].上海:上海师范大学,2010.
[4] 余琪.国内大型主题性旅游演艺产品开发初探[D].上海:华东师范大学,2009.

就旅游演艺的基本概念、旅游演艺产品的开发以及旅游演艺市场开发主体多元化等问题进行了探讨；①邢亚楠总结了国内旅游演出的四类商业模式，即基于蓝海战略的商业模式、基于连锁经营的商业模式、基于规模经济的商业模式和基于资源整合的商业模式。②

相形之下，台湾对于演艺产业的研究从基础调研入手，更为扎实和务实。2002 年，台湾行政主管部门将文化创意产业列为政府的重点工作项目。当年，表演艺术联盟受台湾中正文化中心委托，通过调查等方式，试图勾勒出表演艺术生态之中表演艺术团体状况、政府补助与企业赞助、周边产业等整体表现，这是台湾第一次进行表演艺术基础调查，调查结果与分析汇总呈现在 2003 年出版的《表演艺术生态报告》中。③

在这项调查的基础上，2004 年，"文建会"进一步以三年时间调查台湾表演艺术产业现况，调查项目包括表演艺术的现况、产值调查与推估、从业人口及经营规模等，第一阶段研究成果《表演艺术产业生态系统初探》于 2005 年出版，最终研究成果《表演艺术产业调查研究》于 2007 年出版，该研究在评估台湾表演艺术产业的产值、使用价值以及关联效果三个方面取得扎实成果。④

除了以上对演艺产业的全面基础调查之外，台湾对演艺产业的研究可以概括为"全球语境，本土观照"，即更注重把自身置于全球语境下进行，以期对本土发展起到借鉴作用。台湾师范大学表演艺术研究所所长何康国教授通过对爱丁堡艺穗节、纽约艺穗节、墨尔本艺穗节、台北艺穗节的实地考察，以及对台湾淡水艺术节进行问卷调查等方式，观察不同城市表演艺术市场的传统与现代形态，思考地方化艺术节如何在本地获得认同，后续如何进入国际市场。⑤ 2003 年，文建会与典藏艺术家庭股份有

---

① 李幼常.国内旅游演艺研究[D].成都：四川师范大学,2007.
② 邢亚楠.我国旅游演出商业模式研究与思考[D].北京：中国音乐学院,2010.
③ 表演艺术产业生态系统初探[M].台北：台湾"文化建设委员会",2005.
④ 表演艺术产业调查研究[M].台北：台湾"文化建设委员会",2007.
⑤ 何康国.艺穗节与艺术节——全球化的表演艺术经营[M].台北：小雅音乐有限公司,2011.

限公司合作出版"文化创意产业经典译丛"系列著作，以借鉴国外创意产业的理论架构与执行策略；2004年，又推出"文化创意·深耕台湾"丛书，回过头来检视台湾创意产业发展的现状与未来，其中《表演艺术：启动创意新商业》一书以欧洲艺术节的举办、台湾剧场表演为例，讨论在表演艺术转型为产业化的时代，台湾表演艺术的真实面貌以及未来努力突破的方向。①

此外，台湾"文建会"从2001年开始，持续与法国文化部合作举办"马乐侯文化管理研讨会"，邀请法国文化领域专业人士赴台分享经验；2009年的研讨会以"表演艺术政策、管理与经营"为主题，其同名著作中既有对法国表演艺术政策的演变与挑战、法国文化部表演艺术相关组织架构及业务领域等的介绍与分析，又有各种实际案例，以利于更清楚掌握当今法国表演艺术产业的脉动。②

相形之下，对中国演艺产业全貌进行深入而系统的描述和剖析，以及从产业经营角度研究演艺企业商业模式的学术成果，迄今仍较为少见。

# 第三节　研究框架和研究方法

## 一、研究框架

本书在梳理大量中外文献资料的基础上，以商业模式为核心命题，基于演艺产业价值链分化、整合的视角，对演艺企业商业模式进行系统和深入的研究，分为三篇共八章。

---

① 表演艺术：启动创意新商业[M].台北：典藏艺术家庭股份有限公司，2004.
② 第八届马乐侯文化管理研讨会——表演艺术政策、管理与经营[C].台北：台湾"文化建设委员会"，2009.

第一篇理论和观点，由四章组成，第一章侧重于理论框架的建立，对价值链、产业链和产业价值链做了概念辨析，提出商业模式构成要素，对商业模式和产业价值链的对接进行分析；第二章介绍中国演艺产业发展概况，对演艺产业相关主体现状逐一进行分析，挖掘寻找数据和现象背后的产业真相；第三章对演艺产业价值链的构成和演化等方面进行了研究；第四章从产业价值链视角总结演艺企业商业模式的若干类型。

第二篇实践和案例，由第五至七章的个案研究组成，运用以上界定的商业模式构成要素，分析案例企业如何基于产业价值链设计商业模式，具体分析案例企业在商业模式各个要素方面的表现，对其商业模式进行总结，从中得出有益启示。

第三篇启示和建议，即第八章提出中国演艺企业商业模式的多重面向和对产业未来的思考。全书研究框架如图 0-1 所示。

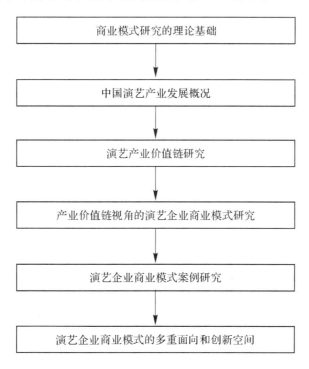

图 0-1　研究框架

## 二、研究方法

本书采用的研究方法主要有下述几种：

1.文献研究：梳理产业价值链、商业模式、文化产业、演艺产业研究等领域的相关文献，形成理论分析框架；整理传媒产业、影视产业等其他产业相关研究成果，借鉴观点和解决问题的思路。

2.案例分析：选择具有典型意义的企业，通过多种渠道进行数据和资料收集，在掌握大量资料的基础上形成自己的认识。

(1)现场观演：从 2010 至 2017 年现场观看表演艺术作品 300 多部，包括国内外戏剧、戏曲、音乐、舞蹈等；

(2)实地观察和访谈：对多家演艺机构进行调研，包括爱丁堡前沿剧展策展团队、日本四季剧团、宋城演艺发展股份有限公司、中国东方演艺集团、台湾优人神鼓、浙江小百花越剧团、林兆华戏剧艺术中心、北京蓬蒿剧场、天津大剧院、大麦网等；

(3)亲身参与：笔者于 2013 年 5 月—2016 年 1 月担任中国东方演艺集团企划宣传部主任，负责策划、宣传、推广等工作。

3.交叉研究：采用经济学、管理学、文化学等多学科研究方法，融汇产业经济学、文化经济学，以及价值链、商业模式等理论，对本书议题进行多角度探讨。

# 小　结

绪论由三部分组成，首先阐明写作背景和研究对象，然后对文化产业研究，尤其是文化产业价值链和商业模式，以及演艺产业研究的现有成果进行梳理综述，之后介绍研究框架和研究方法。

　　全书将分为八章,通过对演艺产业价值链构成和演变的分析,以及从产业价值链视角对演艺产业商业模式的子模式和具体模式两个层次的研究,最终得出对于演艺企业商业模式设计的启示和建议。

# 第一篇　理论和观点

# 第一章  商业模式研究的理论基础

本章首先对价值链、产业链、产业价值链概念进行梳理和辨析,继而对国内外学者关于商业模式内涵、构成要素的研究进行概述,在已有研究成果的基础上,提出商业模式的六个构成要素,为全书的分析建立理论框架。

## 第一节  价值链、产业链和产业价值链理论

### 一、价值链的内涵

价值链是哈佛大学教授迈克尔·波特(Michael Porter)于 1985 年提出的用于分析企业竞争优势的理论工具。波特是当今世界上竞争战略和竞争力研究领域公认的权威,被誉为"竞争战略之父"。波特认为,企业是从事设计、生产、营销、交货以及其他对产品起辅助作用的各种活动的集合,所有这些活动都可以用价值链表示出来。涉及竞争的基本活动有五种类型,包括内部物流、生产经营、外部物流、市场销售和服务;辅助价值活动有四种基本类型,即采购、技术开发、人力资源管理和企业基础设施,如图 1-1 所示。价值链将一个企业的活动分解为若干战略性相关的环节,企业通过比竞争对手更出色地开展这些重要的战略活动,从而获取竞争

优势。①

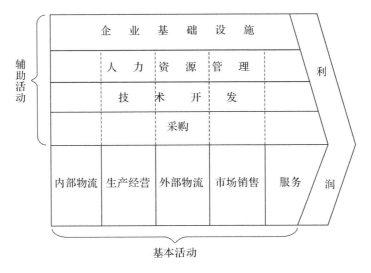

图 1-1　基本价值链

不同的企业,其价值链中的基本活动或辅助活动,都可根据产业的具体情况细分为若干显著不同的价值活动。在不同的产业中,每一类型的活动对于竞争优势的作用会不同。

企业的使命,是为客户创造价值。从客户角度而言,客户价值是客户从企业的产品和服务中得到需求的满足;从企业角度而言,企业进行各种活动,需要消耗资源,同时形成产品,这种来自客户因接受企业产品而愿意支付的经济利益,就是客户价值。企业的价值来自客户价值,假设企业价值为 $V$,客户价值为 $V_c$,则存在下列公式:$V = f(V_c)$。企业所有的价值链环节包括的价值活动,都有利于客户价值的形成;客户所购买的产品,凝结着所有价值链环节中价值活动的成果。②

价值活动是构筑竞争优势的基石,但是价值链并不是一些独立活动的集合,而是相互依存的活动构成的一个系统。③ 首先,价值活动之间存

①　迈克尔·波特.竞争优势[M].陈小悦,译.北京:华夏出版社,2005:33－40.
②　张鸣.价值链管理理论研究与实证分析[M].大连:东北财经大学出版社,2007:42－44.
③　迈克尔·波特.竞争优势[M].陈小悦,译.北京:华夏出版社,2005:47.

在着各种联系,它们存在于价值链内部的辅助活动和基本活动之间,以及各种基本活动之间。其次,一个企业内可能有多种业务,不同业务类型的价值链环节有同有异,构成了多条业务价值链;一家企业的各业务价值链结合起来就成为企业价值链;企业的每一种产品,都属于某一个特定的行业,而在这个行业中,从最初级的原材料,到最终交给消费者的产品,所经过的每个加工环节,构成了本行业的价值链。① 再次,联系不仅存在于企业价值链内部,而且存在于企业价值链与供应商和渠道的价值链之间,这些联系被波特称为纵向联系。供应商价值链、企业价值链、渠道价值链和买方价值链构成了价值系统,企业的价值链体现在价值系统之中,如图1-2所示。②

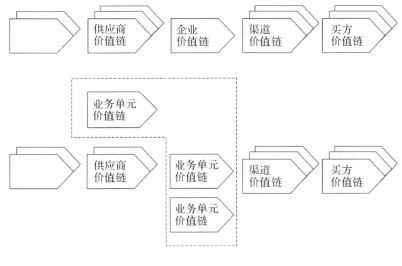

图 1-2 价值系统

具有多条业务价值链的企业,业务单元之间可能存在有形关联、无形关联和竞争对手关联等三种类型的关联,价值链为关联的分析提供了起点,一个业务单元具有潜在可能与企业内的其他业务单元共享任何价值活动,包括产品、市场、采购、技术和基本结构等。企业可以通过协调集

---

① 张鸣.价值链管理理论研究与实证分析[M].大连:东北财经大学出版社,2007:42—44.

② 迈克尔·波特.竞争优势[M].陈小悦,译.北京:华夏出版社,2005:33—49.

团、公司、部门等各个层次相关业务单元之间的关系,实行建立在关联上的横向战略,获取竞争优势。

在任何一个产业里,企业的价值链均不完全相同。协调一致的价值链,将支持企业在相关产业的竞争中获取竞争优势。企业可以利用内部扩展的范围而获利,也可以通过与其他企业形成联盟来达到目的,例如以合资企业、许可经营和供给协议等方式,与结盟伙伴相互协调或者共同分享价值链。① 价值链理论"为企业的纵向分离、外包、外购中间产品或中间服务提供了理论解释"②。

综上所述,对价值链的分析可以从业务价值链、企业价值链、行业价值链等不同层次进行,价值链分析是本书的理论基石。

## 二、产业链和价值链的关系

"产业是具有同类属性产品或服务经济活动的总称,是同类经济活动横向的集合概念。"③有关产业链的理论思想最早可追溯到 18 世纪中后期,古典经济学家亚当·斯密(Adam Smith)在阐述著名的分工理论时,以"制针业"为例,形象地描绘了产业链的作用。此后,西方学者从不同的角度描绘过产业链的概念及其功能,但却没有真正将产业链问题作为研究对象,而是转向从微观层面对与产业链相关的价值链、供应链、生产链、信息链等进行了系统的研究。可以说,产业链是一个地道的国产化的经济学概念。④

产业链理论研究上下游产业之间的一系列互不相同又互相关联的经济活动,以及由此所导致的整个产业链条上的价值增值产生的原因和机

① 迈克尔·波特.竞争优势[M].陈小悦,译.北京:华夏出版社,2005:35.
② 芮明杰,李想.网络状产业链构造与运行:基于模块化分工和知识创新的研究[M].上海:格致出版社,2009:62.
③ 同上,第 22 页.
④ 邹春燕.国内外产业链理论研究概述[J].长江论坛,2011(3):53—56.

理。① 对于产业链的定义主要从以下三个方面展开,"有侧重于产业经济活动过程,有侧重于产业价值转移和创造过程,以及侧重于产业组织形式,这三类定义分别概括了产业链的生产属性、价值属性和组织属性。综合这三类定义,可以得出产业链的定义如下:产业链是一种产业组织形式,描述厂商内部和厂商之间为生产最终交易的产品或服务所经历的增加价值的活动过程,它涵盖了商品或服务在创造过程中所经历的从原材料到最终消费品的所有阶段"②。

1958 年,美国发展经济学家艾伯特 • O. 赫希曼(Albert O. Hirchman)提出了产业关联基准概念,之后,有学者提出产业之间存在前向关联、后向关联和环向关联三种关系。前向关联是指某一产业的产品成为其他产业的投入物而形成的产业关联;后向关联是指某一产业在其生产过程中需要从其他产业获得投入品所形成的依赖关系;环向关联指一个产业的关联链条同时指向许多产业,形成一个立体交叉的产业关联网络。③ 产业链的实质就是产业关联,而产业关联的实质就是各产业相互之间的供给与需求、投入与产出的关系。④ 产业链不仅表达了产业结构上的"链"化和在时序上的前后或关联的上下游的关系,而且越来越代表了一个区域、群体上的企业之间的集聚,是一个网络、一个群落。⑤

产业链与价值链这两个概念在不少研究中常被混淆使用,复旦大学产业经济学学科带头人芮明杰教授指出了两者的联系和区别:

"它们的联系在于:一是它们都是产业集聚的表现形式,共生于产业集聚的环境之中,产业形成过程即产业链和价值链的形成过程;二是产业链包含着价值链,它们共处于生产环节的各个方面,一个产业链的形成过

---

① 刘贵富.产业链基本理论研究[D].长春:吉林大学,2006.

② 芮明杰,李想.网络状产业链构造与运行:基于模块化分工和知识创新的研究[M].上海:格致出版社,2009:24.

③ 何群.文化生产及产品分析[M].北京:高等教育出版社,2006:2—5.

④ 杨公朴,夏大慰.现代产业经济学[M].上海:上海财经大学出版社,2002:50—80.

⑤ 杜义飞.基于价值创造与分配的产业价值链研究[D].成都:电子科技大学,2005.

程,只能是一条价值链的形成过程;三是产业链衍生的范围,也是价值链抵达的范围。产业链的范围有多广,价值链的衍生就有多长。

它们的区别在于:第一,价值链是以货币形态来表明产业发展的规模和企业之间的协作及竞争关系,而产业链则是以区域范围、企业数量、生产规模、产品多少等来反映产业的发展和协作竞争关系;第二,产业链的衍生并不意味着价值链增值过程的衍生,产业链规模的大小,并不反映价值链规模的大小;第三,产业链是产业内部投入产出关系的综合反映,而价值链不仅反映产业内部投入产出关系,而且也反映企业内部各个生产环节的增值活动关系。"①

### 三、产业价值链理论的发展

对产业价值链的认识基于对产业链的研究,"产业链中大量存在着上下游关系和相互价值的交换,上游环节向下游环节输送产品或服务,下游环节向上游环节反馈信息等,通过产业链,各企业或业务单元创造和增加了价值,维系产业中各经济单元的正是价值的连续和有序的创造、传递过程,这导致了产业中价值的链化,这种由于产业为实现价值所形成的价值创造链,称之为产业价值链(Industrial Value Chain),它是产业链背后所蕴藏的价值组织及创造的结构形式,反映了产业链背后更深层的价值含义"②。

如上所指,产业价值链指的是企业内部和企业之间为满足用户特定需求,提供特定产品和服务所经历的原材料采购、生产、销售、服务等一系列价值增值活动,它实际上是具有相互衔接关系企业的集合,以某项核心技术或工艺为基础并以提供能满足消费者需要的效用系统为依据整合起来。③

---

① 芮明杰,李想.网络状产业链构造与运行:基于模块化分工和知识创新的研究[M].上海:格致出版社,2009:25.
② 杜义飞.基于价值创造与分配的产业价值链研究[D].成都:电子科技大学,2005.
③ 李岚.电视产业价值链理论与个案[M].北京:社会科学文献出版社,2006:10-11.

产业价值链与价值链概念的区别是,价值链理论的分析对象是一个特定的企业,而产业价值链的对象是整个产业。也就是说,产业价值链是由产业链内各个企业的价值链有机结合而成,它代表了产业链的价值属性,实质上是价值链在产业层面上的延伸,反映了产业链上价值创造、传递和增值的过程。

每个行业都有自己特定的产业价值链,从产业价值链的演变可以看出行业变迁。随着技术的进步、分工的细化,价值链的增值环节变得越来越多。一种产品从研发、生产到营销、运输所形成的价值链过程,已很少能由一家企业来完成,价值链逐渐分解,一些新的企业加入进来;同时,随着价值链的不断分解,一些原本属于某个价值链的环节独立出来后,成为市场上相对独立的增值环节,有可能加入其他相关的价值链中,从而形成新的产业。①

价值链分析可以从企业价值链和产业价值链两个方面着手。对企业价值链的分析可以帮助企业了解企业内部哪些作业产生了竞争优势;对产业价值链的分析可以帮助企业评价其在行业中的地位以及相对优势。②在产业价值链里,有着多个利润区,每个区的利润高低不同,企业先要准确把握定位于某个利润区,然后以此设计自己的商业模式。本书旨在深入剖析演艺产业价值链的构成,对基于产业价值链的演艺企业商业模式进行分类归纳,并通过个案研究,分析案例企业如何基于产业价值链定位自己的企业价值链和设计商业模式,试图在演艺产业的特点和商业模式之间寻找适合不同企业的多种路径。

---

① 张鸿,张利,杨润,等.产业价值链整合视角下电信商业运营模式创新[M].北京:科学出版社,2010:13.

② 同上,第20页.

# 第二节　商业模式理论

## 一、商业模式概念

商业模式(Business Model),也译为"业务模式""商业运作模式""商务模式"等。商业模式一词在 1950 年即已出现,到 1990 年才开始在国内传播和使用,尤其因在世纪之交互联网企业创立高潮期时成为风险投资者评价企业优劣的重要指标而备受关注。[①] 风险投资评价企业的三大标准为市场空间、商业模式和管理团队,商业模式在其中占据核心地位。[②]

尽管商业模式受到广泛关注,但迄今为止,学术界对商业模式的概念尚未达成共识。对其概念的界定,大致可以分作狭义和广义两种。狭义商业模式,仅仅侧重于企业内部的方面,将商业模式看作是企业与其产品、服务之间的一种商务关系,是关于企业如何管理各种成本和收入流的方式,通过创造利润来保证企业的生存。广义商业模式,则从更广泛的角度阐释企业创造价值获取利润的逻辑与方法,比较有代表性的是亚历山大·奥斯特伍德(Alexander Osterwalder)、伊夫·皮尼厄(Yves Pigneur)和克里斯多弗·L.图齐(Christopher L. Tucci),他们将商业模式定义为"一种包含了一系列对象、概念及其关系的概念性工具,用以阐明某个特定实体的商业逻辑,表现了提供给顾客的价值、实现过程和收入结果"[③]。

根据研究者定义角度和出发点的不同,对商业模式的定义还可以分为财务角度、系统角度和战略角度等多种不同角度。"从财务角度定义的

---

[①] 沈志勇.重新定义中国商业模式[M].北京:电子工业出版社,2011:46.

[②] 魏炜,朱武祥.商业模式的经济解释[M].北京:机械工业出版社,2012:7.

[③] Osterwalder A, Pigneur Y, Tucci C L. Clarifying Business Models: Origins, Present, and Future of the Concept[J]. Communications of the Association for Information Systems,2005(16):1-25.

商业模式关注商业关系和成本/收入流,明确商业投资中不同的参与者之间的关系,参与者各自的利益、成本状况以及收入流;从系统角度的定义将商业模式看作是由产品、服务和信息构成的有机系统,其中包括对商业活动及其作用的描述、对不同商业参与者潜在利益的描述、对收入来源的描述等多方面内容;从战略角度的定义认为商业模式是解释企业如何运作的故事,认为对商业模式的理解应包括对参与者及其角色的识别,对价值的认识,以及对市场运作和市场关系的把握。"[1]

哈佛大学教授赫里·伽斯柏(Herry Chesbrough)和理查德·罗森布鲁姆(Richard Rosenbloom)提出商业模式应该具有六个功能:

1. 明确价值主张,为用户创造价值;

2. 确定市场分割,明确公司收入机制;

3. 定义公司创造和分配产品的价值链;

4. 估计生产的成本结构和潜在利润;

5. 描述公司在联结供应商和顾客的价值网中的地位;

6. 阐明获取竞争优势的竞争战略。[2]

本书所界定的,是广义概念的商业模式,并认为战略角度比较全面地阐明了商业模式的内涵。商业模式是企业从为客户创造价值的角度出发进行战略定位,发现客户需求,整合企业内外部资源以实现企业目标而建立的解决方案和操作系统。概而言之,商业模式描述了企业如何创造价值、传递价值和获取价值的基本原理。[3]

## 二、商业模式构成要素

关于商业模式的构成要素,学者从不同的角度出发,给出了不同的研

---

①　王晓辉.关于商业模式基本概念的辨析[J].中国管理信息化,2006,9(11):26.

②　Chesbrough H, Rosenbloom R S. The Role of the Business Model in Capturing Value from Innovation: Evidence from Xerox Corporation's Technology Spin-off Companies[J]. Industrial and Corporate Change,2002,11(3):533-534.

③　亚历山大·奥斯特伍德,伊夫·皮尼厄.商业模式新生代[M].王帅,毛心宇,严威,译.北京:机械工业出版社,2011:4.

究成果,如表 1-1 所示。

表 1-1　国外对商业模式构成要素研究观点一览表

| 来源(提出时间) | 构成要素 | 要素数量 |
|---|---|---|
| Horowitz(1996) | 价格、产品、分销、组织特征、技术 | 5 |
| Viscio 等(1996) | 全球核心、管制、业务单位、服务、连接 | 5 |
| Markides(1999) | 产品创新、顾客关系、基础设施管理、财务 | 4 |
| Chesbrough 等(2000) | 价值主张、目标市场、内部价值链结构、成本结构和利润模式、价值网络、竞争战略 | 6 |
| Hamel(2000) | 核心战略、战略资源、价值网、顾客界面 | 4 |
| Applegate(2001) | 概念、能力、价值 | 3 |
| Betz(2002) | 资源、销售、利润、资产 | 4 |
| Forzi 等(2002) | 产品设计、收入模式、产出模式、市场模式、财务模式、网络和信息模式 | 6 |
| Alexander Osterwalder 等(2005) | 价值主张、目标顾客、分销渠道、顾客关系、价值结构、核心能力、伙伴网络、成本结构、收入模式 | 9 |

资料来源:原磊.国外商业模式理论研究评介[J].外国经济与管理,2007,29(10):19.

　　在以上代表性研究成果中,亚历山大·奥斯特伍德等于 2005 年提出的九要素可以说是集大成者,取得的影响也最大。这之后,马克·约翰逊(Mark Johnson)、克莱顿·克里斯滕森(Clayton Christensen)和孔翰宁(Henning Kagermann)提出商业模式由客户价值主张、盈利模式、关键资源和关键流程四个因素组成,它们在相互作用时能够创造并传递价值。[①]孔翰宁在之后和张维迎、奥赫贝(Hubert Osterle)合著的《2010 商业模式——企业竞争优势的创新驱动力》中进一步提出,商业模式包括了目标客户、客户流程、公司的业务流程、产品和服务、分销渠道、服务提供方式、物流管理流程等一系列关键环节,其中最重要的是收入模式。[②] 亚历山大

---

　　① 马克·约翰逊,克莱顿·克里斯滕森,孔翰宁.如何重塑商业模式[J].哈佛商业评论,2008(12):111—113.

　　② 孔翰宁,张维迎,奥赫贝.2010 商业模式:企业竞争优势的创新驱动力[M].北京:机械工业出版社,2008:17—18.

·奥斯特伍德和伊夫·皮尼厄又进一步完善了商业模式九要素说,如表1-2所示。

表 1-2　商业模式九要素

| 要素 | 描述 |
|---|---|
| 价值主张 | 通过价值主张,解决客户难题和满足消费者需求 |
| 客户细分 | 企业或机构所服务的一个或多个客户分类群体 |
| 客户关系 | 在每一个客户细分市场建立和维护客户关系 |
| 渠道通路 | 通过销售渠道向客户传递价值主张 |
| 重要合作 | 有些业务要外包,而另外一些资源需要从企业外部获得 |
| 核心资源 | 核心资源是提供和交付先前描述要素所必备的重要资产 |
| 关键业务 | 通过执行一些关键业务活动,运转商业模式 |
| 收入来源 | 收入来源产生于成功提供给客户的价值主张 |
| 成本结构 | 商业模式上述要素所引发的成本构成 |

资料来源:亚历山大·奥斯特伍德,伊夫·皮尼厄.商业模式新生代[M].王帅,毛心宇,严威,译.北京:机械工业出版社,2011:6—7.

　　国内学者对商业模式的研究,以北京大学魏炜副教授和清华大学朱武祥教授为代表,他们在《发现商业模式》《重新发现商业模式》《商业模式的经济解释》等系列著作中,提出"魏朱商业模式",认为商业模式本质上就是利益相关者的交易结构,包括定位、业务系统、关键资源能力、盈利模式、自由现金流结构和企业价值六个方面,[①]而且六要素之间存在着内洽的逻辑结构,即商业模式体系是一个全息的交易结构,每一个要素都揭示和影响着整体,包含着整体的全部信息,而整体又指导和牵引着每一个要素。[②] 这和长期从事商业模式研究的埃森哲公司对商业模式的定义不谋而合,埃森哲公司认为商业模式至少要满足两个必要条件:第一,商业模式必须是一个整体,有一定的结构,而不仅仅是一个单一的组成要素;第

---

① 　魏炜,朱武祥.发现商业模式[M].北京:机械工业出版社,2011:11—16.
② 　魏炜,朱武祥,林桂平.商业模式的经济解释[M].北京:机械工业出版社,2012:2.

二,商业模式的组成部分之间必须有内在联系,把各组成部分有机地关联起来,使它们相互支持、共同作用,形成一个良性循环。[①]

在上述国内外研究成果的基础上,本书将商业模式构成概括为六个要素,即价值主张、核心优势、关键业务、渠道通路、重要合作以及盈利模式,分别体现了价值创新、价值维护、价值实现的不同过程,如表1-3所示。

表1-3 本书提出的商业模式构成要素

| 价值实现过程 | 商业模式要素 | 描述 |
|---|---|---|
| 价值创新 | 价值主张 | 解决客户难题和消费者需求的主张 |
| 价值维护 | 核心优势 | 企业具备的重要资源和能力 |
| | 关键业务 | 企业开展的重要业务活动 |
| | 渠道通路 | 向客户传递价值主张的途径 |
| | 重要合作 | 供应商、客户等合作关系 |
| 价值实现 | 盈利模式 | 收入来源和成本结构 |

对以上要素还可以这样通俗地理解:

价值主张——企业的价值观;

核心优势——企业凭什么;

关键业务——企业干什么;

渠道通路——干的途径;

重要合作——和谁一起干;

盈利模式——如何获取回报。

在本书的"实践和案例"篇,将从以上六个要素来分析案例企业的商业模式。

### 三、商业模式与战略的关系

界定商业模式的内涵,区分它与战略之间的异同,有助于明确商业模

---

① 沈志勇.重新定义中国商业模式[M].北京:电子工业出版社,2011:51.

式研究的意义。商业模式和战略概念几乎是同时提出来的,对于这两者的关系,北京大学陈少峰教授认为战略的核心通过具体的商业模式来表达,即商业模式是战略的表现形式。[①] 管理类畅销书《蓝海战略》认为,成功的商业模式是成功商业战略的核心部分,商业模式的创新也意味着整个战略的变革,意即商业模式是战略的一部分。商业模式研究专家魏炜与朱武祥则认为,战略指企业实现长期目标的方法,它的关注点主要在产品、市场、产业价值链的定位,而商业模式更注重利益相关者的利益诉求和交易结构;先定商业模式,确定好利益相关者和交易结构,后定战略,能够为战略的制定提供一个坚实的现实基础。[②] 学者们之所以对商业模式与战略之间的关系存在不同看法,是基于他们对商业模式和战略内涵的理解不尽相同。

对商业模式的研究包括三个层次:反映商业模式内涵与要素构成的元模式研究,反映商业模式类别特征的子模式研究,以及反映特定企业经营特征的模式化实例或具体模式研究,如表 1-4 所示。

表 1-4　商业模式研究的三个层次

| 研究层次 | 具体内容 | 理论作用 |
| --- | --- | --- |
| 元模式 | 反映商业模式内涵与要素构成 | 对商业模式进行定义,确定其构成要素及其关系 |
| 子模式 | 反映商业模式类别特征 | 对相似的商业模式进行归类,描述它们的共同特征 |
| 模式化实例或具体模式 | 反映特定企业经营特征 | 就特定企业的商业模式进行描述 |

资料来源:Osterwalder A, Pigneur Y, Tucci C L. Clarifying Business Models: Origins, Present, and Future of the Concept[J]. Communications of the Association for Information Systems, 2005(16):5.

对战略的研究也存在着不同的层次,包括对产业发展战略和企业战略的研究,但较多是对特定企业的研究。波特认为,制定一项竞争战略就是为某一企业规定一种广泛适用的程式,以便指导企业如何投入竞争,应

---

① 陈少峰.文化产业战略与商业模式[M].长沙:湖南文艺出版社,2006:157.

② 魏炜,朱武祥.商业模式的经济解释[M].北京:机械工业出版社,2012:29.

当有什么样的竞争目标,以及在贯彻执行这些目标时需要采取什么样的方针。[①] 他提出了经营战略(business strategy)六要素,包括正确的目标、价值主张、价值链、有所取舍、战略要素之间的匹配以及战略方向的持续性。[②] 从中可以看到,战略与商业模式的构成要素有许多重合。

从"战略5P"的视角,基于时间维度,能够全面地厘清战略与商业模式之间的关系,如表1-5所示。

表 1-5　战略与商业模式的关系

| 战略5P | 时间 | 战略与商业模式之间的关系 |
|---|---|---|
| 计划 | 事前 | 战略对商业模式进行选择 |
| 定位 | 事前 | 战略对商业模式进行选择 |
| 模式 | 事后 | 战略是对以往行为模式或经营特征的总结,内涵与商业模式一致 |
| 策略 | 事前、事中 | 战略包括时机、策略性行为、竞争互动等商业模式未包含的因素 |
| 观念 | 事前、事中、事后 | 战略与商业模式都是企业经营理念的实践,两者内涵一致 |

资料来源:张敬伟,王迎军.商业模式与战略关系辨析——兼论商业模式研究的意义[J].外国经济与管理,2011,33(4):10—18.

总的来说,战略的内涵大于商业模式,但商业模式也有自身的侧重点。首先,它能够帮助企业全面、系统地思考价值创造与获取问题,为企业分析和评估内部环境提供了一种更加全面的视角;其次,商业模式概念强化了实践中盈利模式设计的重要性。

---

① 迈克尔·波特.竞争战略[M].陈小悦,译.北京:华夏出版社,2005:3.
② 张敬伟,王迎军.商业模式与战略关系辨析——兼论商业模式研究的意义[J].外国经济与管理,2011,33(4):10—18.

# 第三节　产业价值链和商业模式的对接

对商业模式的研究,也可以从企业价值链与商业模式对接的角度进行,例如有学者以企业基本价值链为基础,认为企业商业模式是通过对企业全部价值活动进行优化选择,并对某些核心价值活动进行创新,然后再重新排列、优化整合而成的。按照商业模式的形成方式,可分为价值链延展型企业商业模式、价值链分拆型企业商业模式、价值创新型企业商业模式、价值链延展与分拆相结合型企业商业模式、混合创新型企业商业模式。① 也有学者根据企业价值链的分类和整合,通过对增值环节的设定与分析,提出了五种商业模式创新类型,即将自身的经营业务定位于原有价值链的某一个或几个价值创造环节的聚焦型商业模式创新;以现有经营领域为基础,根据价值产生的方向,将现有业务范围向深度或广度发展的延伸型商业模式创新;将人、财、物等资源重新整合,将内部资源向外部扩张的拓展型商业模式创新;将部分价值活动外包,充分利用外部资源的外包型商业模式创新;基于企业与利益相关者建立的合作联盟系统的竞合型商业模式创新。②

对商业模式的研究,也可以从产业价值链和商业模式对接的角度进行,例如有学者根据企业在产业价值链或价值网络中的定位不同,将商业模式分为聚焦型商业模式、一体化型商业模式、协调型商业模式和核心型商业模式。③ 本书所关注的是产业价值链与商业模式的对接,因为商业模

---

① 高闯,关鑫.企业商业模式创新的实现方式与演进机理——一种基于价值链创新的理论解释[J].中国工业经济,2006(11):86—87.

② 郭锴.电视传媒企业商业模式创新——基于价值链视角的研究[M].沈阳:辽宁大学出版社,2010:86—92.

③ 曾楚宏,朱仁宏,李孔岳.基于价值链理论的商业模式分类及其演化规律[J].财经科学,2008(6):104—107.

式从根本上讲是企业价值创造的逻辑，价值由企业自身以及上下游企业合作创造，并在其间进行传递，所以，商业模式设计不应局限于企业内部，而应该基于产业价值链进行设计。

商业模式及其构建主要基于的中心思想是产业价值链概念和扩展的价值体系、战略定位理论。企业可以通过对产业价值链上涉及的各项价值活动进行细分、选择和重新定位，确定自身价值活动的优势和劣势所在，继而对企业内外部价值活动进行优化设计、重组、整合，最终实现企业商业模式创新。

新的商业模式都是对现有价值链的调整。商业模式既为客户创造价值，为企业创造利润，同时，也为合作伙伴创造价值，它既包括单个价值链与横向和纵向的价值创造系统，又包括不同行业不同价值链之间的价值创造系统。

商业模式的内涵实质上就是价值创新、价值维护和价值实现，本书提出的商业模式六要素——价值主张、核心优势、关键业务、渠道通路、重要合作、盈利模式，就是对价值创新、价值维护、价值实现过程中重要因素的界定。

价值创新的首要问题是明确顾客需求，解决价值内容问题。价值内容是指企业通过产品和服务为目标顾客创造的价值。演艺产品的价值具有多重性，既有经济价值，也有由审美价值、精神价值、社会价值、历史价值、象征价值等构成的文化价值。进行价值创新必须解决定位问题，对企业在产业价值链中所从事的业务和提供的价值内容进行描述，即对客户难题和消费者需求予以界定，明确价值主张。

在整个产业价值链定位并明确企业的价值主张后，企业还涉及对所创造的价值及创造价值的方法、手段进行维护的问题，从具体内容上看，这主要包括企业如何确定自己的核心优势、制定关键业务、建立渠道通路和重要合作。核心优势是企业所具有的重要资源和能力，关键业务即为实现价值所开展的重要业务活动，渠道通路是指通过何种途径向客户传递价值主张,重要合作则指供应商、客户等合作关系。

　　企业商业模式设计以面向顾客的价值主张为起点,以企业价值实现为终点,企业价值实现也就是赢利,最直观的体现是利润。价值实现可以通过商业模式要素中的盈利模式来考察,包括收入来源和成本结构两方面,收入来源产生于成功提供给客户的价值主张,成本结构是指企业对自身成本要素分布的安排。

　　综上所述,产业价值链就是产业为实现价值所形成的价值创造链,演艺企业商业模式是企业所在的演艺产业价值链的一个函数,是对基于演艺产业价值链的企业价值活动的重新有效组合,并且通过对这些价值活动所涉及的全体利益方进行优化整合而实现的有效制度安排。

# 小　结

　　本章在已有研究成果的基础上,提出了对产业价值链、商业模式的明确定义,即产业价值链指的是企业内部和企业之间为满足用户需求所经历的包括原材料采购、生产、销售、服务等一系列价值增值活动,它实际上是具有相互衔接关系企业的集合;商业模式描述了企业如何创造价值、传递价值和获取价值的基本原理,由价值主张、核心优势、关键业务、渠道通路、重要合作、盈利模式六个要素组成。以下本书将把理论工具运用到对演艺产业的研究中,下一章将对中国演艺产业相关主体和发展现状进行概述和分析。

# 第二章　中国演艺产业发展概况

表演艺术是通过台词、演唱、演奏或人体动作、表情来塑造形象、传达情感的艺术，演艺产业是以演艺产品的创作、生产、表演、舞台技术、经纪代理、营销推广、票务销售、剧场运营、衍生产品、消费等共同构成的产业体系。从产业生命周期的角度来考量，演艺产业在中国的发展尚处于初创期，它的内涵和外延仍在不断发展之中。本章首先从不同角度对演艺产业进行分类，对产业相关主体及其职能做简要阐述，然后对中国演艺产业现状进行分析。

## 第一节　演艺产业分类

### 一、演艺产业分类综述

从本质上看，产业是一些具有相同生产技术或产品特性的企业集合①。产业概念有广义和狭义之分，广义的产业指国民经济中的各行各业，包括农业、工业、服务业等一切领域，每一个具体产业如农业、工业等，又是由同类型企业的集合而成；狭义的产业专指工业或称为制造业内部的各种工业部门或行业。本文取广义上的产业概念，即演艺产业是从事

---

① 芮明杰.产业经济学[M].2版.上海：上海财经大学出版社，2012：5.

表演艺术及相关活动的企业集合。

在《中国统计年鉴》中，国家统计局对演艺产业统计主要集中在第 23 部分的"23－23 全国艺术表演场馆基本情况"和"23－24 艺术表演团体基本情况"，如表 2-1、2-2 所示。

表 2-1　全国艺术表演场馆基本情况

| 分类项目 | 分类结果 |
| --- | --- |
| 按登记注册类型分 | 国有、集体、其他 |
| 按性质分 | 事业、企业 |
| 按机构类型分 | 剧场<br>影剧院<br>书场、曲艺场<br>杂技、马戏场<br>音乐厅<br>综合性<br>其他艺术表演场馆 |
| 按隶属关系分 | 中央、省、市、县及以下 |

资料来源：《中国统计年鉴 2017》。

表 2-2　艺术表演团体基本情况

| 分类项目 | 分类结果 |
| --- | --- |
| 按登记注册类型分 | 国有、集体、其他 |
| 按隶属关系分 | 中央、省、市、县 |
| 按性质分 | 事业、企业 |
| 按管理部门分 | 文化部门、其他部门 |
| 按剧种分 | 话剧、儿童剧、滑稽剧类<br>歌舞、音乐类<br>京剧、昆曲类<br>地方戏曲类<br>杂技、魔术、马戏类<br>曲艺类<br>乌兰牧骑<br>综合性艺术表演团体 |

资料来源：《中国统计年鉴 2017》。

以上分类只涉及艺术表演场馆和艺术表演团体,覆盖面较为狭窄。2012 年国家统计局颁布的《文化及相关产业分类(2012)》,规定"文化及相关产业是指为社会公众提供文化产品和文化相关产品的生产活动的集合"①,根据此分类,演艺产业分布于第一大类"文化艺术服务"和第二大类"文化产品生产的辅助生产",具体表现为文艺创作与表演、艺术表演场馆、文化娱乐经纪、其他文化艺术经纪代理、票务服务等子行业,如表 2-3所示。

表 2-3　国家统计局《文化及相关产业分类(2012)》中的演艺产业统计项目

| 类别名称 | 国民经济行业代码 |
| --- | --- |
| 第一部分　文化产品的生产 | |
| 三、文化艺术服务 | |
| (一)文艺创作与表演服务 | |
| 　文艺创作与表演 | 8710 |
| 　艺术表演场馆 | 8720 |
| 第二部分　文化相关产品的生产 | |
| 八、文化产品生产的辅助生产 | |
| (三)文化经纪代理服务 | |
| 　文化娱乐经纪人 | 8941 |
| 　其他文化艺术经纪代理 | 8949 |
| (七)其他文化辅助生产 | |
| 　票务服务 | 7299 |

资料来源:国家统计局《文化及相关产业分类(2012)》。

---

①　根据以上定义,我国文化及相关产业的范围包括:1.以文化为核心内容,为直接满足人们的精神需要而进行的创作、制造、传播、展示等文化产品(包括货物和服务)的生产活动;2.为实现文化产品生产所必需的辅助生产活动;3.作为文化产品实物载体或制作(使用、传播、展示)工具的文化用品的生产活动(包括制造和销售);4.为实现文化产品生产所需专用设备的生产活动(包括制造和销售)。

## 二、演艺产业类别的细分

除上述统计角度外，还可从以下角度对演艺产业分类：

1. 按产品分类

我国现有演艺产品主要可分为音乐、舞蹈、戏剧、戏曲及其他五大类，如表 2-4 所示。

表 2-4　我国现有演艺产品分类

| 类　型 | 细　分 |
|---|---|
| 音　乐 | 民族音乐、西方古典音乐、流行音乐、歌剧、合唱 |
| 舞　蹈 | 芭蕾舞、现代舞、民族舞、舞剧 |
| 戏　剧 | 话剧、音乐剧、儿童剧、木偶戏 |
| 戏　曲 | 京剧、昆剧、越剧、秦腔、川剧、梨园戏、其他地方戏曲 |
| 其　他 | 曲艺、杂技、皮影戏、旅游演艺 |

2. 按产业链环节分类

演艺产业链各环节的主体包括艺术表演团体、演出场馆、演出公司和票务公司等，如表 2-5 所示。关于各主体的具体分析，将在下一节"演艺产业相关主体概述"展开。

表 2-5　演艺产业链各环节主体

| 产业链环节 | 从业主体 |
|---|---|
| 演艺生产 | 音乐团体、舞蹈团体、戏剧团体、戏曲团体、综合性表演团体、制作公司、文化公司 |
| 技术支持 | 灯光、音响、舞台、道具、服装等机构 |
| 营销推广 | 演出公司、广告公司 |
| 宣传 | 媒体、公关公司、网络公司 |
| 票务销售 | 票务公司 |
| 经费资助 | 政府、赞助方 |
| 演出场馆 | 剧场、体育场馆、山水实景、商业空间、城市户外、农村户外等 |
| 消费者 | 团体、个人 |

3. 按组织的营利性质分类

组织可分为营利性和非营利性两种。[①]营利性组织以利润最大化为目标,以组织自身的利益回报为出发点;非营利组织不以谋取利润为目的,但既可以吸收社会资金,享受免税,也可以通过经营行为创造收入和利润,只是必须将盈利全部用于进一步的发展和建设,是一种禁止将其净盈余分配给享有控制权组织的制度安排。

在国际上,非营利组织是与政府(第一部门)和企业(第二部门)并存的第三部门,多存在于教育、卫生、文化、科技、社会福利等领域中,也是演艺产业的重要主体,它们的收入主要来自于:自身票房和投资等营业性收入、社会捐赠、政府补助等。我国在文化领域使用文化事业、文化产业的提法,文化事业单位是具有中国特色的组织制度安排,但在具备一定的公益性质这点上,事业单位与非营利组织有相近之处。

# 第二节  演艺产业相关主体概述

## 一、演艺产业主体综述

演艺产业所涉及的各项活动,包括内容生产、场地、灯光、音响、服装、道具、票务、营销、公关、融资、补助、赞助等,关联产业有电影、音像、出版、餐饮、交通、物流、商业、旅游、教育培训等。

根据价值创造过程中参与者联系程度的深浅,演艺产业相关主体可以分为两个层次,即参与者联系密切的核心网络和联系较弱的辅助网络,如图 2-1 所示。

---

① 非盈利、非营利、非赢利三个概念的区别在于,赢利是指名词的利润,或者动词的获得利润,盈利等同于赢利,而营利是指动词的谋求利润,非赢利等同于非盈利,意思是没有利润或没有获得利润。

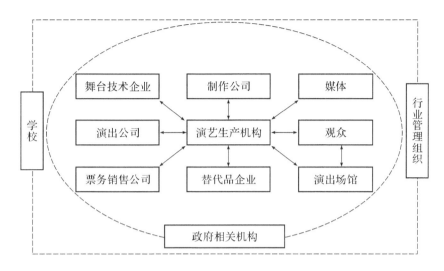

图 2-1　演艺产业相关主体

核心网络系统主要包括主体企业、替代品企业和客户，其中主体企业由演艺生产机构、制作公司、舞台技术企业、演出公司、票务销售公司、演出场馆等组成；辅助网络系统主要包括政府相关机构、行业管理组织、学校等，为核心网络提供知识流、技术流、人才流、信息流等生产要素的支持。以下就演艺产业核心网络和辅助网络中各主体的职能进行概述。

## 二、演艺产业主体细分

### 1. 演艺生产机构

演艺生产机构指进行演艺产品的创作、制作和演出的组织。传统上一般指艺术表演团体，即专门从事表演艺术活动的文化机构，涵盖音乐、舞蹈、话剧、戏曲、曲艺等众多艺术门类。艺术表演团体的行业管理部门是文化部。"2016 年全国共有各类艺术表演团体 12301 家，按隶属关系分，中央级 16 家，省级 191 家，地市级 496 家，县级及以下 11598 家；按登记注册类型分，国有、集体分别为 1662 家和 176 家，其他类型 10463 家；按性质分，执行事业单位会计制度 1534 家，占 12.5%，执行企业会计制度 10767 家，占 87.5%；按管理部门分，文化部门管理的 2031 家，其他部门管理的 10270 家;按剧种分,话剧团 1590 家,音乐和歌舞团体 2329 家,京昆剧团 133 家,地方戏曲剧团 3282 家,杂技魔术等 803 家,曲艺类 519 家,乌兰牧骑 109 家,综合性艺术表演团体 3536 家。"[①]按组织性质分,艺术表演团体可分为事业单位、国有企业、股份制企业、民间职业剧团、业余社团五大类。

一台节目的产出除了内容创作外,舞台技术、业务以及宣传等都不可或缺。艺术表演团体内部一般分为创作部门、技术部门、业务部门、宣传部门、行政部门等。创作部门,包括艺术总监、编剧、导演、音乐作曲等人员;技术部门,包括技术总监、舞台监督、技术指导,以及舞台、灯光、服装、道具、化妆等工作人员;业务部门,包括营销、票务人员;宣传部门,包括企划、宣传人员等;行政部门,包括人力资源和财务管理人员等。

创作部门的工作可分为构思、计划、创作、整合与演出等阶段。导演可能并非在节目制作开始时就有清楚的构想,而是在演员甄选、排练之中渐渐相互激发出灵感,逐渐将内容具体化。创作部门还需与技术、业务和宣传部门沟通协调,拟定演出计划以及最后的演出呈现。

舞台技术通常分为设计及制作两大部分,设计群负责灯光、音效、道具、服装、布景等舞台元素的构想与设计,对于节目的舞台效果和呈现意象进行脑力激荡,并进行设计图绘制等工作。制作群按照设计的结果诉诸执行,规模较大的剧团通常将相关的制作工作对外转包给专业的舞台技术公司。

业务部门主要负责营销企划,根据演出节目性质,拟定此台节目的产品定位、市场区隔以及消费群体细分,并对外寻求经费的支持。

宣传部门的工作主要是依据节目的定位,制订宣传计划,依计划中所归纳的观众性质及预算,选择适合的媒体,将节目包装之后呈现给消费者。演艺产品的宣传和其他产业不同之处在于,节目未上演前观众无从

---

① 国家统计局.中国统计年鉴 2017[DB/OL].[2018-02-05].http://www.stats.gov.cn/tjsj/ndsj/2017/indexch.htm.

得知产品的样貌,因此演出票券是属于预售商品的性质,观众对于节目预先的感知完全来自于宣传。

行政部门主要是人力资源管理、财务管理等,工作零碎且烦琐,然而却是一个剧团不可或缺的部门,一台节目的呈现除了优秀的创作群外,尚需相关行政人员的配合才能提供最佳的服务。[①]

2．制作公司

制作公司是随着演艺产业市场化程度提高而出现的新型生产主体,制作公司一般购买版权或与版权方合作,组建主创和演员队伍,进行剧目的制作和演出,是更加灵活的产业主体。

3．演出场馆

演出场馆是演出的发生终端和观众的消费场所,主要可分为专业剧场、体育场馆、山水实景、城市户外、农村户外等,如表2-6所示。场馆与生产机构的合作方式有:收取租金型、票房分成型、买断节目型等,也有场馆以自制剧目为主。

表 2-6　演出场地分类

| 演出场地 | 主要演出产品 |
| --- | --- |
| 专业剧场 | 音乐、舞蹈、戏剧、戏曲 |
| 体育场馆 | 演唱会 |
| 山水实景 | 旅游演艺节目 |
| 城市户外 | 音乐节 |
| 农村户外 | 戏曲 |

4．演出公司

演出公司从事演出节目的策划、组织、营销等活动,或从事演出居间、代理等经纪活动,具体包括租赁或安排剧院,与票务公司合作进行票务销售,负责剧目宣传推广,协调安排、组织演出等一系列工作,是演艺生产机构和演出场馆之间的桥梁。

① 罗怡欣.现代剧团创作系统与空间群聚之研究[D].台北:台北大学,2002.

### 5.舞台技术企业

舞台技术企业包括舞台机械、专业灯光、音响设备等生产和服务企业,运用美术设计、灯光、音响、服装等手段实现舞台效果,为艺术产品服务。

### 6.票务销售公司

票务销售公司负责演出票务销售,并对剧目进行宣传、推广,包括专业的票务平台,以及艺术表演团体、演出公司和剧院自主运营的票务系统等。前者又分为以大麦网、永乐票务等为代表的自营票务平台,和以摩天轮票务为代表的新一代互联网票务平台。互联网票务平台凭借大数据分析,为作品的宣发、推广与销售提供了科学的解决方案。

### 7.媒体

媒体包括传统的专业媒体和大众媒体、新兴的互联网垂直媒体,以及各产业主体运营的自媒体等。《新剧本》《戏剧》《中国戏剧》等专业媒体,影响力主要限于演艺业内人士;相形之下,大众媒体在演艺产品的宣传推广方面起到相当大的作用,部分媒体运用其对于受众的影响力,开拓演出经纪、票务销售等业务,涉足演艺产业。新媒体如宽度网、豆瓣等,以及戏剧类、舞蹈类、音乐类、戏曲类等垂直自媒体,以各类演出为基础,分享剧目深度介绍和评论,利用社区化的口碑宣传,促进剧目的广泛传播,帮助大众了解和接受演艺产品。

### 8.替代品企业

以影视、综艺节目、互联网娱乐为代表的娱乐形态和信息技术的发展,带给人们更多样和更便捷的选择。近年出现的根据现场演出拍摄的高清影像,对于现场观演形成了替代,某种程度上加剧了以现场表演为核心特征的表演艺术的危机。

### 9.观众

观众是演艺产业价值链的终点,也是价值实现的最重要节点。

10.政府相关机构

表演艺术在相当程度上被政府赋予意识形态宣传工具的职能期待，因此产业发展的每一步与政府的关系都比一般产业更为密切。政府的作用既体现在财政补助、购买节目等支持上，更体现在通过政策引导，为产业发展提供良好的宏观环境，促进产业长期健康发展。

11.行业管理组织

全国性的行业管理组织如中国演出行业协会，是演出经营主体和演出从业人员自愿结成的全国性、行业性、非营利性的社会组织，下设演出经纪、剧场、演员、编导、制作、儿童艺术演出、中小企业等专业委员会，以及各省级演出行业协会，拥有近万个会员单位。协会会员包括文艺表演演出团体、演出场馆、演出公司、演出经纪公司、演出票务公司、舞美制作公司的单位和个人。

行业管理组织的主要业务为：组织演出行业市场调研，向政府部门提供行业建议；组织实施演员、演出经纪人等演出从业人员资格认定工作；开展演出行业技术、服务标准化的制定和推广工作；制订行业自律规范等。[①]

12.学校

全国范围内有音乐、舞蹈、戏剧、戏曲等专门的高等院校，也有开设在综合性大学里的表演艺术相关科系，如音乐系、舞蹈系、戏剧系等。近年来在培养编剧和表演人才的传统专业之外，新设立艺术管理、文化产业管理等专业，致力于培养产业经营人才。

---

① 中国演出行业协会.协会简介［DB/OL］.［2018-02-05］.http://www.capa.com.cnnewsxhjglist？type=11.

# 第三节　中国演艺产业现状分析

## 一、数据中的演艺产业现状

了解一个产业，首先要获得关于产业的基础数据，以下数据分别来自于国家统计局、原文化部、中国演出行业协会、道略文化产业研究中心，均为公开可获取数据。

1. 2016 年全国艺术表演场馆、艺术表演团体基本情况

在国家统计局出版的《中国统计年鉴 2017》中，演艺产业方面的统计体现为第 23 部分的"23－23 全国艺术表演场馆基本情况（2016 年）""23－24 艺术表演团体基本情况（2016 年）""23－28 分地区艺术表演团体、艺术表演场馆演出情况（2016 年）"三张表。数据显示，2016 年，全国艺术表演团体总收入 311 亿元，其中财政拨款 138 亿元，演出收入 131 亿元；全国艺术表演场馆总收入 96 亿元，其中财政拨款 19 亿元，演出收入 27 亿元；艺术表演团体和表演场馆的数量分别达到 12301 家和 2285 座。[①]

2. 2016 年全国艺术表演团体、艺术表演场馆递增情况

据原文化部发布的《中华人民共和国文化部 2016 年文化发展统计公报》，2016 年末，全国共有艺术表演团体 12301 家，比上年末增加 1514 家，从业人员 33.29 万人，增加 3.08 万人。其中，各级文化部门所属的艺术表演团体 2031 家，占 16.5%，从业人员 11.52 万人，占 34.6%。2016 年，全国艺术表演团体共演出 230.6 万场，比上年增长 9.4%；总收入 311.23 亿元，比上年增长 20.8%，其中演出收入 130.86 亿元，增长 39.3%。

2016 年末，全国共有艺术表演场馆 2285 座，观众坐席数 168.93 万

---

① 国家统计局. 中国统计年鉴 2017［DB/OL］.［2018-02-05］. http://www. stats. gov. cn tjsj ndsj_indexch. htm.

个。全年艺术演出 19.09 万场次,增长 39.5%;艺术演出观众 3098 万人次,增长 8.6%。其中,各级文化部门所属艺术表演场馆 1265 座,全年共举行艺术演出 6.81 万场次,增长 25.0%,艺术演出观众 2589 万人次,增长 8.4%。[①]

该统计公报还发布了 2007—2016 年全国艺术表演团体基本情况,如表 2-7 所示。

表 2-7　2007—2016 年全国艺术表演团体基本情况

| 年　份 | 机构数<br>/个 | 从业人员<br>数/人 | 演出场次<br>/万场 | 国内演出<br>观众人次<br>/万人次 | 总收入<br>/万元/ | 其中演出收入<br>/万元/ |
|---|---|---|---|---|---|---|
| 2007 | 4512 | 220653 | 92.7 | 75895.6 | 829045 | 203757 |
| 2008 | 5114 | 208174 | 90.5 | 63186.8 | 933685 | 204842 |
| 2009 | 6139 | 184678 | 120.2 | 81715.9 | 1121559 | 288214 |
| 2010 | 6864 | 185413 | 137.1 | 88455.8 | 1239255 | 342696 |
| 2011 | 7055 | 226599 | 154.7 | 74585.1 | 1540263 | 526745 |
| 2012 | 7321 | 242047 | 135.0 | 82805.1 | 1968802 | 641480 |
| 2013 | 8180 | 260865 | 165.1 | 90064.3 | 2800266 | 820738 |
| 2014 | 8769 | 262887 | 173.9 | 91019.7 | 2264046 | 757028 |
| 2015 | 10787 | 301840 | 210.8 | 95799.0 | 2576483 | 939313 |
| 2016 | 12301 | 332920 | 230.6 | 118137.7 | 3112276 | 1308591 |

数据来源:《中华人民共和国文化部 2016 年文化发展统计公报》。

3. 2016 年演出市场总体经济规模和演出票房收入组成

中国演出行业协会是权威的全国性演艺行业管理组织,据该协会发布的《2016 年中国演出市场年度报告》,2016 年演出市场总体经济规模 469.22 亿元,相较于 2015 年的经济规模 446.59 亿元,上升 5.07%,其中:演出票房收入(含分账)168.09 亿元,比 2015 年上升 3.93%;演出衍生品

---

① 文化和旅游部.中华人民共和国文化部 2016 年文化发展统计公报[DB/OL].(2018-02-09)[2018-03-05].http://zwgk.mcprc.gov.cn/auto255/201802/t20180209_831188.html.

及赞助收入 31.57 亿元,比 2015 年上升 7.97%;经营主体配套及其他服务收入 54.54 亿元,比 2015 年降低 1.25%;政府补贴收入(不含农村惠民)119.74 亿元,比 2015 年上升 10.42%,其中补贴文艺表演团体 61 亿元,比 2015 年上升 15.36%,补贴专业剧场 56.4 亿元。

演出票房收入由四部分组成,专业剧场演出 8.79 万场,比 2015 年场次上升 4.52%,票房收入 74.05 亿元,比 2015 年上升 4.77%;大型演唱会、音乐节演出 0.21 万场,比 2015 年上升 10.53%,票房收入 34.88 亿元,比 2015 年上升 9.69%;旅游演出 5.29 万场,比 2015 年下降 4.17%,票房收入 34.04 亿元,比 2015 年下降 3.21%;演艺场馆娱乐演出 48.55 万场,比 2015 年上升 2.04%,票房收入 25.12 亿元,比 2015 年上升 4.36%。[1]

2011—2016 年演出市场规模如图 2-2 所示。

4.2016 年商业演出市场票房收入

道略文化产业研究中心自 2009 年起监测全国演艺产业,主要聚焦于商业演出市场。根据道略发布的《2016 年中国商业演出票房报告》,2016 年全国商业演出市场票房收入 121 亿元,较 2015 年的 111 亿元增长

---

[1] 中国演出行业协会. 2016 年中国演出市场年度报告[DB/OL]. (2017-06-02)[2018-03-05]. http://www.capa.com.cn/news/showDetail/92018.演出经济规模也叫经济总量。演出市场经济规模一般是用经营的演出项目及相关活动的价值来表示的整个演出市场的生产能力和服务能力。本报告中演出市场经济规模指演出市场总收入。

演出收入:指门票收入、捐赠款物、赞助收入等与演出活动相关的全部收入。

演出票房收入:指通过售票方式获取的收入,不包括农村演出和其他非商业演出活动的收入。

农村演出收入:指在广大农村地区以农民为主要对象的民间剧团演出和艺术表演团体下乡演出活动的收入。农村演出收入包含农村惠民演出和农村商业演出。

娱乐演出收入:指演员个人(文艺表演团体)在酒吧、茶楼、酒店、餐厅等非演出场所进行表演活动获得的演出报酬。

演出衍生产品收入:指在传统的演出行业中衍生发展出来与演出主体相关的产品收入。

演出经营主体配套设施及其他收入:指演出机构主营业务收入以外的通过销售演出衍生产品、提供劳务服务及让渡资产使用权等日常活动中所形成的经济利益的流入。如物业出租、服装道具销售、人员培训等业务收入。演出经营主体配套设施及其他收入包括剧场物业及配套服务收入、演艺场馆票房以外其他收入以及舞美企业演出活动设备租赁及服务收入。

政府补贴收入:指政府拨付给演出经营主体的资金收入,在拨款时明确规定资金用途。政府补贴收入包括政府拨款与政府采购。

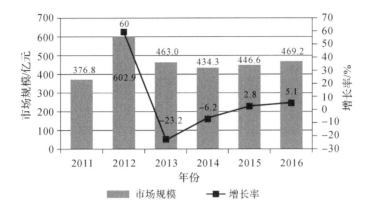

图 2-2　2011—2016 年中国演出市场规模统计

数据来源:中国演出行业协会发布的《2011 年中国演出市场年

度报告》至《2016 年中国演出市场年度报告》。

9.0%;演出场次 18.2 万场,增长 9.6%;观众人数 1.08 亿人次,增长

6.5%。2012—2016 年中国商业演出票房变化见图 2-3。①

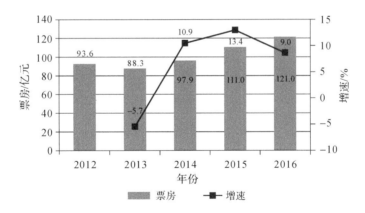

图 2-3　2012—2016 年中国商业演出票房变化

数据来源:道略演艺产业研究中心

综观以上公开数据,反映出国家统计局、原文化部的官方统计仅限于

全国艺术表演团体和艺术表演场馆,不能反映产业全貌,局限性较大;此

_____

① 道略演艺产业研究中心.2016 年商业演出报告:票房收入破 120 亿,市场走向呈 4 大趋势
[EB/OL].(2017-04-06)[2018-03-05].http://www.sohu.com/a/132407799_273545.

外,演出市场总体经济规模、演出收入、演出票房收入、演出市场票房收入等概念交叉重叠,统计口径不够明确,如中国演出行业协会发布的2016年演出票房收入168.09亿元,而道略文化产业研究中心发布的同一年全国商业演出市场票房收入为121亿元,数据相差很大,也反映出演艺产业统计指标体系、统计数据采集报送机制等产业基础工作尚较薄弱。

## 二、演艺产业现状的几个特点

### 1. 内容端的原创薄弱和引进"吃重"

2016年话剧票房收入为24.37亿元,占当年专业剧场演出票房收入74.05亿元的33%,故以话剧为例反映内容端状况具有代表性。中国演出行业协会在《2016年中国演出市场年度报告》中总结,"话剧有着广泛的观众基础,近年来话剧市场稳步发展,但创作端的薄弱成为制约我国话剧发展的重要因素,弥补原创短板需重视戏剧原创文本的创作和编剧人才队伍的培养"[①]。

花样繁多的话剧展演、节庆活动,不同等级的奖励资金、项目基金,日渐频繁的中外戏剧文化交流,不断增长的演出票房和观演人群,已经构成当下中国话剧界繁荣的景观。与这种物质化的丰富、充溢相互映衬的,却是国内话剧创作依旧无法走出的原创困局:尽管观念早已开放,但是实践的方向却日趋保守;现实生活为人性解读提供了足够广阔的空间,但是创作内容的视角依旧狭窄;产业市场化已是主流,但是实际运作中有悖于市场规律、艺术规律的现象比比皆是;一些陈旧的创作观念已经得到纠正,但是概念化、模式化、主题先行的创作思维时有显现。造成这些现象的原因很多,而滋养话剧的审美意趣、人文涵养的精神资源的匮乏、内在动力的不足恰恰是当下中国话剧面临的最大"危机"[②]。

---

① 中国演出行业协会. 2016年中国演出市场年度报告[DB/OL]. (2017-06-02)[2018-03-05]. http://www.capa.com.cn/news/showDetail/92018.

② 徐健. 中国话剧危机出现新变种[N]. 北京青年报,2018-01-19(B08).

外国戏剧作品的引进已经在中国戏剧市场中占据相当重要的地位，正在并将继续深刻影响中国戏剧的发展进程。一方面，当下外国戏剧引进仍然具有较强的偶然性，审美偏好、资金预算、渠道关系、审查政策等因素较大程度地影响着外国引进剧目的落地，外国引进剧目的主要受众也仍是中国戏剧观众的核心圈层；另一方面，通过近十余年的戏剧引进，当今世界戏剧的版图已逐渐为中国戏剧观众所熟悉。在国内搜集外国戏剧资讯，甚至出国观赏戏剧演出和戏剧节的中国戏剧从业者已不再是小众群体。可以预见，未来的中国戏剧观众会对戏剧引进的专业性、创新性、层次性、系统性等提出更高要求，相应的，能呼应此种需求、具有策展思维的外国戏剧引进人才也会日益为市场所呼唤。[①]

2. 国有院团影响力持续下降

根据《中国统计年鉴2017》公布数据，2016年全国艺术表演团体总收入311亿元，其中财政拨款138亿元，演出收入131亿元，财政拨款几乎全部给予国有院团，反映出国有院团的收入在很大程度上来自于财政拨款，对政府的依赖程度相当高，面向市场通过票房获取经济回报的能力较差。

其主要原因在于，政府文化主管部门既是国有院团创作与演出新剧目的唯一投资者，又拥有剧团的人事管理权，在这种双重利益机制的诱导作用下，院团在创作新剧目时，必定会有意无意地设法迎合主管部门的要求，[②]而在这种导向下生产出来的剧目，往往更多地考虑满足政府的宣传需求，与市场需求有一定错位，因此，虽然消耗财政资金量不断增长，但在市场上的传播和影响力反而呈现为下降趋势。

3. 政府资助产生挤出效应

近年来政府对演艺产业的资助大幅度增长，包括对艺术表演团体、剧场等机构的财政拨款，以及面向社会各类主体的购买公共文化服务、国家

---

① 奚牧凉.市场在升级，创作力量准备好了吗？——戏剧2017年大盘点[N].北京日报,2018-01-04(15).

② 傅谨.探路文艺院团体制改革[M].广州:新世纪出版社,2014:8.

艺术基金资助等多种方式,但政府支持造成的后果之一,是在演艺产业造成了挤出效应,即政府支出增加而引起的私人消费或投资降低的效果,表现为随着政府对于戏剧投资和购买支出的增加,反而引起民间戏剧投资和私人戏剧消费的减少。

其原因在于,政府投资或资助的戏剧项目,在资金使用上通常是项目结算制度,所以资金使用者更倾向于一次性地花掉所有创作经费,而不能分配到未来的持续创作过程中,导致这些项目在人员、设备、场租方面所支付的价格通常会高于市场价格,无形中抬高了行业当中该项要素的市场价格,并间接增加了其他市场化作品的运营成本;另外,由于有政府补贴的戏太多,票价也更便宜,使得以市场化运作的戏剧作品完全靠自身努力来达成票房平衡的可能性大大降低了,因此投资者对未来投资的预期收益率报以悲观态度,因而减少了在当期或下一阶段创作、生产戏剧作品的意愿。①

4.演艺与资本结合不断升级

资本对内容方面的投资,较早见于 2007 年,以张艺谋、王潮歌、樊跃为核心的北京印象创新艺术发展有限公司(观印象艺术发展有限公司前身)获得高盛集团、IDG 资本、海纳亚洲投资 2500 万美元,从一个工作室向创作、制作、投资和管理室外大型实景演出的公司发展;2010 年,该公司又获得马云和虞峰发起的云峰基金 5000 万美金投资;2010 年,杭州宋城旅游发展股份有限公司登陆创业板,成为中国演艺第一股;据不完全统计,从 2015 年下半年至 2016 年底,包括杭州金海岸文化发展股份有限公司、北京丑小鸭剧团股份有限公司、上海锦辉艺术传播股份有限公司等在内的十余家演出机构在新三板挂牌。

2017 年,演出票务平台接连受到资本青睐,3 月,阿里巴巴文化娱乐集团收购大麦网,随后宣布成立阿里文娱现场娱乐事业群,包括大麦网、

---

① 水晶.艺术还是生意?——中国戏剧生态观察[J].戏剧与影视评论.2017(1):68-71.

MaiLive 和麦座三大业务品牌,以票务营销、内容出品和智慧场馆作为三大业务抓手,将在用户触达、内容生产和商业化三个方向上,为现场娱乐行业赋能。5月,永乐票务挂牌新三板,以票务为基,多轮驱动,从最初单纯的票务公司发展为以票务代理、商业演出活动、影视宣发投资、体育比赛项目运营等业务为主线,同时还整合了包括艺人推广、商演发行、互动娱乐等周边产业,并且以永乐科技的"互联网票务销售管理系统平台"为基础,为演艺场馆、旅游景点、大型博物馆和游乐园提供个性化票务管理和人流管理解决方案的综合性文化娱乐企业,致力打造泛娱乐生态圈。10月,聚橙网完成 E 轮融资,金额达到亿元级别。

5. 产业融合呈加速度之势

作为文化产业和旅游产业融合发展而成的旅游演艺,已成为具有竞争力的新兴业态,近年来,实景演出、主题乐园等旅游演艺迅速发展,据不完全统计,目前全国各地投资 200 万元以上的旅游演艺项目达到 300 个以上。

中国演出行业协会发布的数据显示,2016 年旅游演出场次为 5.29 万场,票房收入 34.04 亿元,虽较 2015 年有所下降,但是以宋城系列、山水系列、印象系列为代表的旅游演出项目稳步增长,2016 年收入增长超过 10%,展现出巨大的发展潜力。① 宋城演艺在九寨沟、三亚、西安、嘉兴西塘等地加紧布局,以演艺节目聚拢人气,商业、酒店、休闲等消费为宋城带来真正的财富,在演艺和旅游的基础上,宋城演艺确立了包括互联网演艺、艺人 IP 孵化、VR 主题公园及海外项目的泛娱乐布局目标,建立以演艺为核心的跨媒体、跨区域的泛娱乐生态圈。

6. 产业集聚区成建设热点

通过产业集聚区建设,激活演艺产业的乘数效应,促进地方资源升级,带动相关产业发展,进而形成城市或地区的文化品牌,已成为社会共

---

① 中国演出行业协会.2016 年中国演出市场年度报告[DB/OL].(2017-06-02)[2018-03-05]. http://www.capa.com.cn/news/showDetail/92018.

识。2015 年开业的天桥艺术中心，是北京市打造天桥演艺聚集区的重要地标项目。在建的以国家大剧院舞美基地为重点工程的北京通州台湖演艺小镇，建设目标是形成以演艺产业为特色的文旅产业基地。2017 年 12 月，上海发布"文创 50 条"，提出要将上海打造成亚洲演艺之都，推动包括环人民广场演艺活力区、徐汇滨江剧场群、世博园区旅游演出剧场群、现代戏剧谷剧场群、复兴路汾阳路音乐街、四川北路剧场群、天山路商业体剧场群、郊区剧场群的 8 个演艺集聚区建设，加快形成演艺产业集聚效应。① 但这些在政府主导下投资建设的产业集聚区，是否有真实需求支撑，是否能走向良性发展尚有待观察，毕竟，市场需求导向才是产业集聚区持久运营的关键。

# 小　结

演艺产业是从事表演艺术及相关活动的企业的集合，产业主体包括演艺生产机构、制作公司、舞台技术企业、演出公司、票务销售公司、演出场馆以及政府相关机构、行业管理组织、学校等。目前的演艺产业统计在指标体系、数据采集报送机制等方面都较薄弱，不能反映产业全貌，演艺产业现状呈现出原创薄弱，演艺与资本结合不断升级，产业融合加速等特点。下一章将具体对演艺产业价值链的特点、构成及演变展开分析。

---

① 胡娜. 演艺产业的融合、集聚、辐射与趋势认知［EB/OL］.（2018-03-12）［2018-05-05］. http://www.sohu.com/a/225406422_152615.

# 第三章　演艺产业价值链研究

本章将在上章对演艺产业概况分析的基础上,剖析演艺产业价值链特点,总结演艺产业价值链构成的三个阶段,提出随着产业的发展,产业价值链处于不断分化和整合的动态之中,存在多种演变方式。

## 第一节　演艺产业价值链的特点

演艺产业生产满足人们精神需求的产品,在人们的物质需求基本得到满足之后,对精神产品的需求处于快速增长中。演艺产业是新型经济的代表,它以创意为核心,对自然资源的消耗较小,是具有原创性和高度文化含量的产业,具备发展的可持续性。演艺产业价值链具有如下特点。

### 一、价值的多重性——兼具使用价值和非使用价值,经济价值和文化价值

文化商品的价值可以分为使用价值和非使用价值。使用价值包括直接使用价值和间接使用价值,前者指的是文化产品的生产与消费所直接产生的价值,例如制作一档演艺节目所产生的经济利益,观众欣赏表演所获得的精神享受等;后者指的是文化产品的生产与消费所产生的外部效果,例如表演艺术创意对其他产业的启发、精致艺术对社会人心的陶冶

等。此外,文化产品还具备包括存在价值、馈赠价值和利他价值在内的非使用价值。①

日本经济学家上野光平曾对一般消费品与文化产品的价值做过独到的区分。他把一般消费品,如冰箱、电视等称为耐用消费品,把文化产品称为永久性财富。耐用消费品的使用价值有时间性,文化产品则具有永恒的文化价值和经济价值。②

文化商品和普通商品的区别是,普通商品只产生经济价值,文化商品则体现或引起了文化价值和经济价值,文化价值又可以分解为若干组成要素,包括审美价值、精神价值、社会价值、历史价值、象征价值、真实价值等,③文化商品所具有的文化价值能在潜移默化中提高公众文化素养和社会文明水平。

文化商品的经济价值与文化价值之间存在相关性,但并不绝对,例如一些优秀演艺作品的文化价值很高,经济价值却不高,而与之相反的情况亦存在。因此,演艺产业价值链系统的最终端,在市场和观众之后,还应该加入社会价值作为修正。④

## 二、产品性质的多元性——兼具私人产品与准公共产品属性

根据经济学的定义,公共产品指在消费上具有非排他性、非竞争性的物品或服务,私人产品在消费上则具有排他性、竞争性,⑤准公共产品介于公共产品和私人产品之间,具有有限的非竞争性和非排他性,对于准公共产品的供给,理论上应采取政府和市场共同分担的原则。

演艺团体所提供的文化产品具有有限的非竞争性和非排他性,具体

---

① 表演艺术产业调查研究[M].台北:台湾"文化建设委员会",2007:83.
② 祁述裕.正确认识文化产业的 GDP[N].人民日报,2010-11-23(24).
③ 戴维·思罗斯比.经济学与文化[M].王志标,张峥嵘,译.北京:中国人民大学出版社,2011:30.
④ 表演艺术产业生态系统初探[M].台北:台湾"文化建设委员会",2005:96.
⑤ 谢大京,一丁.演艺业管理与运作[M].上海:上海音乐出版社,2007:10-12.

表现为:第一,一般物质商品的消费是人们的占有与直接的使用消耗;而文艺院团所提供的文化产品的消费方式则是欣赏,它所消耗的只是承载文化艺术的客体,其文化价值不会被消耗,反而可以使人们在共鸣中得到精神上的享受,并且在一定的消费容量下,此类文化产品一旦被提供出来也不会影响其他人的消费;第二,如超过消费容量的临界点,将造成拥挤,使有些人无法得到消费机会。[①]

在我国,国有文艺院团所提供的文化产品,多数属于准公共产品;在欧美国家,从事交响乐、芭蕾和歌剧等表演艺术的主体一般为非营利性机构,可以接受捐赠和赞助,享受规定的税收优惠政策,这样的制度安排也正是建立在演艺产品这一特点的基础上。

### 三、以创意为核心——体现为版权

创意和体现为版权的艺术成果是演艺产业价值链的核心,或者说,创意和内容是演艺产业的首要财富,内容的质量对后续的环节,如制作、票房、衍生产品销售等具有极大影响。版权的形成及交易,是演艺产业向影视、图书等文化产业延伸,向旅游、房产等跨行业拓展的基础。也因此,美国并没有文化产业的提法,而是把音乐、剧场制作和歌剧等归入核心版权产业。

### 四、制造体验——体验经济的典型代表

制造体验是表演艺术的核心业务。演艺生产机构,就是经营体验的企业,提供的不只是一般的产品或服务,而是可以令每个消费者内心产生共鸣的综合体验。体验在消费者内心生成,它是在一个人的心理、生理、智力和精神水平处于高度刺激状态时形成的,结果必然导致任何人都不

---

① 冯华,谢雁娇.准公共物品视角下的国有文艺院团改革发展建议[J].国家行政学院学报,2012(6):109－113.

会产生和他人相同的体验,[①]因此人们才说,"一千个人眼中有一千个哈姆雷特"。并且,人们观看表演艺术作品,在追求体验的同时,往往还有比体验更高一层的目标,即通过对舞台作品的观看和理解,修正对世界和自身的认识,促进审美与心智的成长,从而使自己趋于更好的状态。

### 五、具备链式效应——产业链延伸的基础

包括演艺在内的文化产业以创意和内容为核心资源,掌握了创意源,开发出初始产品之后,经过元素分离与萃取,核心创意可通过不同的载体、不同角度进行延展和表现,从舞台产品衍生创造出更多不同种类、形式的文化商品,触发链式效应,在产业链上衍生出更多的附加值,不断放大核心创意的商业价值。

链式效应既可以延伸产业链条,也可以通过产业融合培育新兴业态。著名的例子如迪士尼公司,初始业务为动画制作,之后建造了迪士尼主题公园,将迪士尼动画形象立体化、实物化,运作品牌授权和连锁经营,通过迪士尼动画形象专有权使用与出让、生产销售品牌产品以及出版发行相关书刊、音乐及游戏等,又通过成立戏剧制作公司,陆续推出根据动画片改编的《美女与野兽》《狮子王》等音乐剧作品,延伸价值链,打造了包括多品类产品生产、销售、物流、终端消费等环节的完整产业链。

### 六、关联性强——产业融合的内在动力

表演艺术所产生的效益,不仅仅是当下的票房,还涉及周边产品,以及对其他产业和领域的关联。

台湾"文建会"曾对表演艺术产业的产业关联效应进行研究,利用投入产出分析台湾演艺产业的产出乘数、就业乘数以及所得乘数,并借以推估演艺产业对总体经济的影响,研究得出,表演艺术产业的第一类产出乘

---

① B.约瑟夫·派恩,詹姆斯·H.吉尔摩.体验经济[M].毕崇毅,译.北京:机械工业出版社,2017:3—13.

数（即总产出效果除以直接效果）为 2.027，也就是说，表演艺术产业的产值每增加 1 元，可以带动全体产业 2.027 元的产值增加。[①]

又如，继爱丁堡边缘艺术节之后的世界第二大边缘艺术节——澳大利亚阿德莱德边缘艺术节的成功举办，使得其所在的南澳大利亚州成为"节庆之州"。据艺术节官网的信息：2017 年，在为期 31 天的艺术节期间，1160 个不同剧目，在 453 个表演空间中进行，5250 名艺术家参与其中，艺术节总共售出了 65 万张票，整体票房收入超过 1620 万澳元（约合 8500 万元人民币）。其直接带动的交通、餐饮、住宿、零售等各项收入，对于当地经济和就业，都带来非常大的帮助，同时对于城市的知名度增长、留学生增加和投资移民的吸引力等方面，也有助推之力。而这一发展路径，也与英国政府提出"文化创意产业发展路径"所揭示的最具"爆发性增长"的路线相吻合。[②] 演艺产业具有的关联效应，使得它对其他产业具有很强的带动性，这正是产业融合的内在动力。

# 第二节　演艺产业价值链的构成和演变

## 一、演艺产业价值链的构成

演艺产业价值链，包括创作人才、演艺企业内部和企业之间为生产满足消费者效用的演艺产品或服务所经历的增加价值的活动过程，它涵盖了演艺产品或服务在创造过程中所经历的从最初创作到最终消费品的所有阶段。

1. 传统的演艺产业价值链——"三段式"演艺产业价值链

在演艺产业发展早期，社会分工和协作体系有待完善时，演艺产业只

---

·① 表演艺术产业调查研究[M].台北：台湾"文化建设委员会"，2007：73—79.
② 水晶.2017 年阿德莱德边缘艺术节观察 澳大利亚小城的戏生活[N].北京青年报，2017-05-09（B03）.

有演艺生产机构和演出场馆两大主体。前者,一般指艺术表演团体,其工作包含了创作、制作、舞台技术、演出等环节,演出场馆提供场地和负责票务销售,而营销推广、衍生产品环节则相当薄弱。因此,传统的演艺产业价值链,形态非常简单,由演艺生产、演出场馆、观众三个环节组成,可称之为"三段式"产业价值链,如图 3-1 所示。

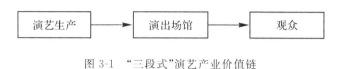

图 3-1 "三段式"演艺产业价值链

**2. 延长的演艺产业价值链——"多段式"演艺产业价值链**

英国学者查尔斯·兰德里(Charles Landry)最早将价值生产链分析法引入到对文化产业的应用研究,提出文化产业价值链包括创意形成、文化产品生产、流通、发行渠道、消费者接受等五个价值环节。[①] 本质上,"文化产业价值链就是文化创作人才、文化企业内部和文化企业之间为生产最终满足消费者效用的文化产品或服务所经历的增加价值的活动过程,它涵盖了文化商品或服务在创造过程中所经历的从最初创作到最终消费品的所有阶段"[②]。

文化产业内部各子行业都有着不同的产业价值链构成,随着经济发展和分工细化,演艺产业价值链环节不断增加,从传统的三段式向多段式发展,涵盖了内容创作、制作、舞台技术、演出经纪、票务销售、演出场馆、观众等环节,如图 3-2 所示。

图 3-2 "多段式"演艺产业价值链

---

① 向勇.文化产业人力资源开发[M].长沙:湖南文艺出版社,2006:10.
② 郭新茹,顾江.基于价值链视角的文化产业赢利模式探析[J].现代经济探讨.2009(10):38—42.

原来由艺术表演团体和演出场馆包揽的各个环节,现在则需要更多的组织共同完成,呈现出经营主体多元化、经营内容多样化的格局,与演出相关的创意、制作、表演、宣传、售票、融资、舞美设计、人才培训、行业管理等产业体系逐步完善。

在演艺产业链上活跃着的主体有:

创意主体——创作人员;

生产主体——艺术表演团体、制作公司、舞台技术企业;

营销主体——演出公司、票务公司;

传播主体——演出场馆、媒体、音像出版;

消费主体——观众。

此外,政府、投资方、赞助方、人才培养机构等也是演艺产业链上的重要组成部分。

从产业链上、中、下游来分析,上游产业的主体包括人才培养机构、创作人员等,产业中游则包含艺术表演团体、制作公司、舞台技术企业、赞助方等,产业下游是传播与消费的通路,包含演出公司、票务公司、演出场馆、媒体等。

在演艺产业价值链诸环节中,内容创作是源头环节,主要指剧本、音乐、舞蹈等创作和导演过程,这个环节的主体有企业,也有个人或者工作室,艺术家、设计师是其中的关键人物,成果以版权等知识产权的方式凝固。在生产环节,内容的拥有者或版权的购买者,结合舞台技术等手段,以演员的身体为媒介,实现演艺产品最终在舞台上的呈现。生产环节的主体有各类艺术表演团体,也有以项目制方式进行产品制作的文化公司等。

3.新型的演艺产业价值链——"网状式"演艺产业价值链

随着演艺产业的进一步发展,演艺产业价值链不再仅仅是多段式的线性链,而呈现为不断扩张的网状链,在这种"网状式"产业价值链上,不仅有传统的上下游关系,还有相关利益者,如图3-3所示。

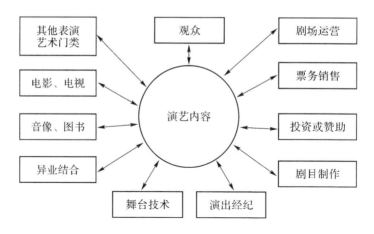

图 3-3 "网状式"演艺产业价值链

与线性链相比,演艺产业网状价值链是一个以演艺内容为核心,多点互动的系统,既有在版权基础上的产业链延长和伸展,如向电影、电视、音像、图书、其他表演艺术形式等延伸,也有与其他产业,如旅游、房地产、商业等的结合。

百老汇被认为是演艺产业高度发达的样板,作为一个成功的演艺集聚区,百老汇的演艺产业由舞台创作、制作、运作的各方人士所共同缔造。以下以百老汇为例概述网状价值链的构成。

就一部音乐剧的投资与收益而言,主要涉及:投资人、版权所有方、剧目制作人、剧目经纪方、剧场运营方。

投资人:20 世纪 90 年代后,音乐剧的制作呈现为全球化、集团化操作,作曲家、剧作家或编舞家头脑中的灵感要发展成为一台剧目,往往都以组织合作的方式才能运作成功。

拥有知识产权的版权方:将一个想法变成文本,然后又将文本变成舞台作品的人,都有可能成为该剧目版权拥有者的一分子。版税比例由作者与制作人签订的协议以及剧目成功的程度来决定。针对顶级畅销演出和顶级创作者,制作人也可以用利润分成的方式代替版税制,词曲作者、导演、编舞等都将每周从票房获得一定比例的分成。

制作人和制作企业:是掌控音乐剧产业链的核心人物,监管剧目的整个创作过程,负责筹措资金,协调投资人和主创等多方,确定创作预算和每周运营成本,与剧院、主创团队签订劳务协议和版税协议。随着百老汇的花费和风险日趋增大,音乐剧的制作需要多位投资人或企业投入资金,共同承担风险。在整个制作链条中,还有行政总监、舞台总监、剧场经理、星探等众多人员。

剧目经纪企业:即制作企业和剧院经营企业之间的中间商。如百老汇亚洲娱乐公司就是一家将百老汇不同的演艺娱乐产品推广到全球市场的经纪公司,其业务包括版权代理、咨询、运营等,力求打通经纪、策划和制作。

剧场产权人兼运营商:庞大的百老汇主要由几家现场娱乐连锁集团公司组成,如拥有百老汇17家剧场产权或管理权的舒伯特集团,拥有9家百老汇剧场的倪德伦集团,拥有5家百老汇剧场的朱詹辛戏剧集团。不少集团公司不只拥有纽约的产业,也涉足全美和跨国剧场运营。①

在百老汇,从上游的创意、策划、投资,到演员的培训、剧目制作、票务营销,以及剧场运营、纪念品销售等,产业链中的每一个环节,都有若干个同一类专业公司承接业务,而每一个公司又都可以与产业链上下游的其他公司签订短期或长期的协议,一般一个剧目就构成一条单独的产品线,因此,剧场的拥有者可以与不同的制作公司签不同的剧目;制作公司可以与不同的创作班子签不同的作品版权;演员可以与不同的制作人签不同的演出合同;等等。每一个产业元素都可以按不同的需要与其他产业元素搭配以产生最佳的效益。百老汇有成百上千个细分的专业公司,他们之间根据不同的剧目产品进行优化整合;在公司下面还有一大批自由的专业人员,与不同的公司和戏剧项目组签约,②实际上,这里存在的是一种

---

① 慕羽.音乐剧艺术与产业[M].上海:上海音乐出版社,2012:580.
② 百老汇的文化发展历程及其启示[EB/OL].(2015-08-09)[2018-06-01].https://wenku. baidu.comviewd80f1fbfb4daa58da0114ab9.html.

"网状"交叉的自由组合结构。

在产业融合与推动方面,百老汇对电影业的贡献成就卓著,仅改编后获得奥斯卡奖的经典音乐剧电影就有十余部,如大名鼎鼎的《歌剧魅影》《悲惨世界》《猫》等。百老汇对纽约经济的带动,更波及餐饮、住宿、交通等方方面面。据"百老汇联盟"的统计,2012 至 2013 年度票房收入 11.4 亿美元,观众数达 1157 万人次,为当地提供 8.6 万个工作岗位,对纽约市经济的贡献超过 110 亿美元。最新数据显示,2017 年百老汇演出场次 13244 场,吸引观众 1327 万人次,票房收入 13 亿美元,带动周边消费 5 亿美元。

## 二、产业价值链的分化和整合

产业价值链实质上是价值链在产业层面上的延伸,反映了产业链上价值创造、传递和增值的过程。对产业价值链的分析,也就是从价值链的角度或利用价值链的分析方法来考察产业链。企业对产业价值链的分析,可以使其明确自身在产业价值链中的位置,重构企业价值链、上下游价值链,消除非增值作业,增加企业的经营变异性,取得竞争优势。

随着产业的发展,产业价值链处于不断分化和整合的动态之中。分化——分,是分解;化,是演化。分化是在原有状态上的拆分。分化分为两种,第一种水平分拆,往往发生在规模巨大的企业,特别是采取了非相关多元化的企业,或者是政府对处于垄断地位的企业分拆为几个同类型的竞争企业;另一种分化模式是专业化分工的深化,分化可以发生在产业链的生产、销售的各个环节,[①]例如从演艺产业链中分化出策展环节。

整合——整,是整理;合,乃组合。整合是"对处于分离状态的事物或现状的重塑"[②]。整合分为水平整合、垂直整合和混合整合。水平整合有两种方式,一种是进行水平合并,目的是通过提高市场集中度或市场占有

---

① 芮明杰,刘明宇,伍江波.论产业链整合[M].上海:复旦大学出版社,2006:238—239.
② 芮明杰,刘明宇,伍江波.论产业链整合[M].上海:复旦大学出版社,2006:188.

率,从而增加对市场价格的控制力,增加垄断利润;同样,市场集中度的提高也有助于厂商构建进入壁垒,阻止潜在的竞争者进入。水平整合的另一种方式是建立横向联盟,典型的是价格联盟。横向联盟意在保持各企业独立自主性的前提下,通过联合充分利用市场势力,达到上述目的。在规模效应显著的产业中,伴随着产业成熟,市场集中度会逐渐增加,产业链的横向合并加剧,①但对于尚处于产业生命周期初创期的演艺产业来说,水平合并尚很少发生,而各种剧院联盟就是典型的横向联盟。

垂直整合,即垂直一体化、纵向一体化,建立将上下游业务整合在一起的组织架构,包括向上游的整合和向下游的整合。垂直整合的优点:首先,可以降低交易成本,它将监督问题由控制其他厂商改为监督厂商内部的雇员,这样一来,就可以通过有效率的激励机制来替代外包中产生的风险;其次,保障供应,避免被供应商制约;再次,可以消除外部性,在一定程度上消除投资的溢出效应,还可以增加垄断利润。② 企业可以从目前所处的环节,向产业价值链各环节,如剧目创作、制作、票务销售、剧场运营等方向,进行上下游整合,实现能力扩张,追求价值增值。

混合整合的基础是业务之间的关联,包括营销渠道等有形关联,品牌、知识产权等无形关联,通过整合形成多元事业,形成多元化的价值增值渠道,如演艺产业与旅游、商业等产业融合发展,可为文化资源的开发提供载体,为文化交流和传播提供平台,拓展文化产业链,提高文化产品的附加值。同时,文化产业的创意与理念渗透到相关产业,可提升相关产业的文化附加值。③

产业价值链的整合,不管是水平整合、垂直整合还是混合整合,目的主要在两个方面:一个是充分共享资源,发挥规模经济和范围经济的优势;另一个是谋求市场势力,尽最大可能获取垄断利润。④

---

① 同上,第45页.
② 芮明杰.产业经济学[M].2版.上海:上海财经大学出版社,2012:349.
③ 张欣悦,李士梅,张倩.文化产业价值链的构成和拓展[J].经济纵横,2013(7):74－77.
④ 芮明杰,刘明宇,伍江波.论产业链整合[M].上海:复旦大学出版社,2006:48.

总之，随着技术、业务的快速发展和个性化消费时代的临近，价值创造系统呈现出如下趋势：一是在产业价值创新系统内部，各环节对价值创造的贡献被重新界定，价值和利润向对价值创造起关键作用的环节聚集；二是产业价值链由链状演变为网状，这种趋势要求企业必须对产出重新定位或重新创造，与其他相关企业结成联盟，以使企业的能力和价值创新活动相匹配。[1]

# 小　结

本章首先分析了演艺产业价值链的六个特点，然后将动态发展的演艺产业价值链构成概括为三段式、多段式、网状式三个阶段，继而分析产业价值链的分化和整合的多种方式。下一章将在此基础上提出演艺企业商业模式的类型和演化规律。

---

[1] 张鸿，张利，杨润，等.产业价值链整合视角下电信商业运营模式创新[M].北京：科学出版社，2010：29.

# 第四章　产业价值链视角的
# 演艺企业商业模式研究

商业模式描述了企业如何创造价值、传递价值和获取价值的基本原理，是企业价值创造的逻辑，或者说是工具设计。企业设计商业模式的关键是，把企业作为一个与上下游紧密联系的单位，放入整个产业链条中进行考察，通过在产业价值链上的分化和整合，寻找价值的联结点，对自身的价值链或者价值系统进行再造，以在激烈市场中获取竞争优势。本章将从产业价值链视角，对演艺企业商业模式进行分类，并以代表性企业为例进行简要分析。

## 第一节　基于产业价值链的演艺企业商业模式类型

由于在产业价值链上的不同环节，企业的资源能力要求、战略重要性和利润分布是有差异的，所以企业的商业模式设计，首先，要在产业价值链上进行明确定位，通过审视各价值链环节的差异，研究产业的价值转移规律，根据自身资源，定位在产业价值链上恰当、有利的位置；其次，产业价值链是以实现消费者需求为目标组成的综合体，企业可以基于产业价值链的分化和整合，进行自身的商业模式设计。

如上章所述，分化和整合的常见方式有：第一，拆分，从产业价值链现有环节中分化出某一新环节,企业成为这一特定环节的控制者,形成独特优势;第二,横向整合,企业与产业价值链上的其他企业进行资源整合,通过业务外包、战略联盟、兼并或收购等方式,实现在产业价值链上的资源整合,降低企业独立研发成本和失败的风险,同时集中企业资源于自身核心能力的提高,确立企业竞争优势;第三,纵向整合,企业以现有经营领域为基础,向产业上下游延伸发展,实行纵向一体化,形成整体竞争优势;第四,混合整合,企业跨行业整合资源,实施产业融合,促进产业发展。

笔者将基于产业价值链分化、整合的演艺企业商业模式归纳为以下五种类型,即价值创新型商业模式、横向联盟型商业模式、纵向一体化型商业模式、全产业链型商业模式和产业关联型商业模式。

## 一、价值创新型商业模式

价值创新型商业模式指演艺企业对产业价值链原有环节进行专业细分,分化创造出新的价值环节,在此基础上运行的商业模式。

例如成立于 2015 年的摩天轮票务,定位于连接票源方和消费者,撮合产业上下游的中介平台,将演出主办方、各级票务公司、个人闲置票等票源汇聚在平台上,通过"多渠道供票低价优先机制"技术,为终端消费者自动筛选出价格最低的票务方案。创办 2 年来,累计销售演出票超过 250 万张,其中 92% 为折扣票,带动演出上座率普遍增幅在 15%～20%,为主办方提升了整体票房收入,也提升了整个票务行业的流通效率。

摩天轮票务商业模式的创新在于,在一级票务公司如大麦、永乐、格瓦拉之外,分化建立了二级票务平台,在此之前,二级票务只有零星的利用信息不透明倒卖票的黄牛交易,未形成平台。摩天轮的核心优势是将作为票务渠道的供给和用户端的需求都拉到同一个平台上,聚集足够多的供需双方,通过互联网的方式,提供基于大数据的整体技术解决方案,为卖家筛选出优惠票价,并通过在线 VR 选座技术、转让功能、物流服务等,提升用户购票体验,解决用户痛点,让原本因为信息不匹配而诉求无法实现的供需双方都获得满足。同时,摩天轮也以海量大数据,为剧团、剧场等上游产业提供数据服务及相关增值服务,其收入来源是向上游,即演出主办方、剧场、票源方等收取佣金,对下游(用户)则免费。

## 二、横向联盟型商业模式

横向联盟是水平整合的一种方式,它是在保持各企业独立性的前提下,通过联合,以达到降低各方成本,提高效率,分散风险的目的。

剧院联盟是典型的横向联盟,根据成员组成不同可分为多种,完全由剧场组成的联盟,如北方剧院联盟、西部演出联盟、长三角演艺联盟、东部剧院联盟、珠三角演艺联盟等;区域性联盟如 2011 年成立的首都剧院联盟,由北京地区 130 余家各类剧场和中央直属院团、市属院团、民营院团组成;覆盖产业链各环节主体的联盟,如 2012 年由民营企业一千零一夜文化演艺集团发起成立的中国国际演出剧院联盟,成员单位 1500 余家,包括艺术院团、剧院、演出经纪机构、演出制作公司、票务公司、公关广告公司等;跨国际的联盟,如 2016 年中国对外文化集团公司发起成立的丝绸之路国际剧院联盟,截至 2018 年已在全球拥有包括 32 个国家和地区以及 2 个国际组织在内的 86 家成员单位,均为重要文化机构与标志性演艺场所,旨在共同打造大型多边性国际化演艺产业平台。

## 三、纵向一体化型商业模式

纵向一体化型商业模式指演艺企业以现有经营领域为基础,根据价值产生的方向,将现有业务范围向深度或广度发展。根据延伸方向的不同,有从产业上游往下游的前向一体化、从产业下游往上游的后向一体化,也有同时实施前向、后向一体化。

1. 从内容生产方向场地方延伸的前向一体化商业模式

在中国大陆,戏剧导演孟京辉是第一位拥有自己剧场的导演。被誉为当今亚洲剧坛最具影响力的著名实验戏剧导演孟京辉和编剧廖一梅是一对夫妻黄金组合,他们合作编导的话剧《恋爱的犀牛》《琥珀》和《柔软》等在商业上取得极大成功。2008年,孟京辉接手北京市东城区东直门附近原东创影剧院的三层空间,改造成为具有先锋气质的小剧场。作为蜂巢剧场的投资人、设计师、艺术总监、经营者,孟京辉拥有了一个完全属于自己的戏剧王国,初期它是专为新版《恋爱的犀牛》改建,之后成为孟京辉作品的驻场剧院,一年300天的演出约有八成是孟京辉导演作品,一般每部作品有一周至半月的演出档期。

时隔6年后,2014年,孟京辉与位于上海静安区繁华地段的艺海剧场签下5年租约,将楼上的小剧场改造后命名为先锋剧场,开出了自己的第二家剧场,采用与北京蜂巢剧场同步的经营模式,集创作、制作、演出、活动于一体,每年实现近200场的演出量。由于有了这一阵地,孟京辉这些年高频率的创作有了更宽广的演出空间。2016年11月,位于杭州市拱墅区沈塘桥路18号的杭州蜂巢剧场开业,这是继北京和上海之后,孟京辉开辟的第三个"戏剧阵地",他同样担任艺术总监,这里也同样以上演孟氏戏剧为主。

台湾表演工作坊(以下简称表坊)前向一体化的路则要曲折得多。表坊被公认为华人世界中极富声誉的剧场团队,赖声川作为公认的杰出戏剧编剧、导演,自1984年表坊创立以来,创作了大量在华语戏剧界中具有代表性的作品。1998年表坊进入内地发展,以版权授权的方式委托内地制作公司进行制作、营销和演出。2010年后,表坊开始部分介入内地运营,由授权转向联合制作运营,和杭州越剧团联合制作新版《暗恋桃花源》,这是表坊第一部和内地团体联合制作的作品,票房收入双方分成。

由于台湾市场小,剧团没有拥有剧场的先例,但表坊自进入大陆市场后,就有自办剧场固定演出的设想。2001年,表坊与大陆戏剧制作人袁鸿合作,租下北京市西城区中央戏剧学院旁边北兵马司胡同的一处几百平方米的剧场进行改造,后因政策问题,改由袁鸿独立经营,至2005年9月关闭。

直到 2017 年,在大陆市场耕耘多年的表坊才终于拥有了专属剧场 "上剧场"。上剧场坐落于上海市中心徐家汇商圈美罗城 5 楼,占地面积 约为 2530 平方米,集创作、制作、演出、市场开发于一体,包含一个剧场和 一间排练厅,剧场可以容纳近 700 名观众,排练厅不仅是日常排练的场 地,也是戏剧创作的孵化基地,赖声川担任艺术总监,剧场的运营与管理 由夫人丁乃竺负责。上剧场的定位是轮番上演赖声川作品,将他所创作 的 30 多部剧作,经过复排重新上演,同时也为赖声川与其团队创作的全 新作品提供首演平台,是全面展示赖声川艺术成就的戏剧空间。[①]

经过多年酝酿,表坊终于实现了从剧团到剧场的前向一体化商业模 式的升级重构,其内在基础是资源能力及其交易价值。表坊的资源能力 在于:剧团拥有大量可上演剧目,并有足够数量的观众粉丝群。

2.后向一体化商业模式

(1)从场地方向剧目制作、票务销售、剧院建设管理延伸的商业模式

北京保利剧院管理有限公司(以下简称保利剧院公司)是渠道、内容、 营销、艺术教育四位一体的演艺集团,成立于 2003 年 10 月,从位于北京 东四十条的保利剧院起步,率先在国内创立剧院连锁经营模式,通过投 资、并购、委托代管等方式,截至 2018 年 5 月,保利院线已在全国 19 个省 份 54 座城市经营管理 62 家剧院,统一标准,统筹运营,成为国内剧院经 营管理行业的标杆。

除不断扩充剧院院线渠道规模,引进国内外更多优质剧目,保利剧院 公司又往产业链上游的剧目制作延伸,建设音乐剧、儿童剧原创基地,陆 续推出原创音乐剧、话剧、儿童剧等;与名家、名团、名剧合作,联合制作舞 台艺术作品;还参与投资百老汇音乐剧,发挥"渠道+内容"的联动效应。

子公司保利(北京)剧院建设工程咨询有限公司是目前国内唯一一家 专业的剧院建设工程咨询公司,在剧院建设领域已成功策划完成 30 余个

---

① 上剧场[EB/OL].[2018-06-01]. https://www.theatreabove.com/site/page.jsp? catid= 6e2283a2-b01f-42a5-87e2-13ec91aa4251.

项目,如青岛大剧院、济南大剧院、北京天桥艺术中心等,为剧场建设的业主提供全方位、全过程的技术咨询服务。子公司北京保利票务发展有限公司研发具有自主知识产权的票务系统,整合全国营销网络,打造保利文化生活平台。① 如上所述,保利剧院公司实行的是从剧院运营向剧目制作、剧院建设、票务销售等产业价值链上游延伸的商业模式。

(2)从场地方向剧目出品方延伸的商业模式

北京鼓楼西剧场自 2014 年开业始,一直采取"场制合一"的经营模式,选择"有好故事,兼顾思想性和艺术性"的中西方经典剧本,由剧场自主制作,这种经营模式,让剧场在选戏上能够统一风格,并充分保证剧目的制作品质。

2016 年鼓楼西剧场推出剧目《审查者》,剧场创办人李羊朵请来 10 位朋友共同出品,每人投资 5 万元,一年之后返还本金和回报。2016 年底上演《晚安,妈妈》,鼓楼西与来自云南、广州、武汉、杭州等地的小剧场经营者结成"戏剧共同出品联盟",共同制作该剧,然后在各地巡演,平摊投入与风险。2018 年,鼓楼西与精英文创、希肯琵雅、幸福的麦穗、河南倾听文化有限公司共 5 家公司联合出品大剧场作品《一句顶一万句》,在国家大剧院首演之后赴哈尔滨、西安、上海等地全国巡演,这是鼓楼西从"场制合一"的剧场向剧目出品方延伸的转变,意味着鼓楼西不只是自制剧的剧场,而且还是打造"鼓楼西制造"品牌剧目的出品方,将把剧目带到更多城市演出。

3.前向和后向一体化兼有的商业模式

陈佩斯创立的北京大道文化节目制作有限公司(以下简称大道文化)成立于 1994 年,主营业务为喜剧作品的策划制作、出品演出、教育交流。

2001 年,大道文化进军舞台剧市场,成为最早展开全国巡演的民营文化团体,首部舞台喜剧《托儿》在全国各地的巡演中创造了上千万元的票

---

① 北京保利剧院管理有限公司[EB/OL].[2018-06-01]. http://www.polytheatre.com/business.php.

房神话。迄今为止,大道文化先后出品了8部舞台喜剧和1部音乐剧,累计巡演超过600场次。2012年,大道文化向产业价值链的场地方环节进行前向延伸,在北京世纪剧院内建立"大道喜剧院"小剧场,发挥多年来在舞台剧方面积累的版权、创作资源和制作经验等优势,将公司长年全国巡演为主的演出模式转为驻场为主,驻演大道喜剧经典剧目的青春版,以及引进海外剧目版权共同合作出品的喜剧作品。2015年,与国家大剧院、东方国际文化艺术中心有限公司合作成立北京喜剧院,由国家大剧院负责管理运营,由陈佩斯担任剧院艺术总监,搭建喜剧艺术演出、交流的平台。

此外,大道文化还将产业价值链的前端环节人才培养进行后向延伸,成立大道文化喜剧表演培训班,培养喜剧表演人才,为学员提供驻场演出、签约经纪等发展平台,结业学员作为社会公开资源为行业共享,提高喜剧行业整体实力。

### 四、全产业链型商业模式

全产业链型商业模式指企业以更高的效率覆盖完整产业链,包括产品创作、剧目采购、演出经纪、票务销售和剧场运营等,使企业成为一个整体性公司,加强上下游互补,提升企业竞争力,有利于更好满足消费者需求和提高企业获取利润的能力。

深圳市聚橙网络技术有限公司(简称聚橙网)是一家以演出经纪为主营业务,兼顾票务销售、演出制作、剧场运营等的全产业链演出公司和O2O电子商务平台。公司愿景是成为网络时代演艺行业的集成者。

2007年成立以来,聚橙网首先从票务销售起家;其次向演出公司进行后向延伸,往上向剧目生产方购买内容,往下宣发卖给下游剧场;然后,为了更好地管理产品、下沉渠道,2014年成立聚橙剧院院线,向剧院管理拓展且扩张迅速,2015年聚橙网运营20家剧院,2016年达41家,截至2018年4月签约剧院数量达79家,覆盖北上广深一线城市以及重庆、厦门、宁波、苏州等城市;聚橙网还投资制作和引进涵盖亲子娱乐文化、网络综艺、艺术展览、音乐剧、戏曲、戏剧、舞蹈、古典音乐、小众流行音乐、流行演唱会、旅游演艺等全品类演艺产品,满足不同人群的艺术文化需求,打通产业上下游,使公司业务向纵深发展。

聚橙网以全产业链思维布局,已形成了涵盖亲子文化娱乐品牌——小橙堡、独立音乐厂牌——万有音乐系、音乐剧品牌——聚橙音乐剧、互联网戏剧品牌——嬉习喜戏、旅游演艺品牌——风景天橙、剧院管理品牌——聚橙剧院院线、票务销售平台——聚橙票务、演出周边衍生品品牌——优橙品、文创基金等9个子品牌组成的业务格局,子品牌分别深耕各自的演出行业细分领域,做实全产业链的战略布局。①

## 五、产业关联型商业模式

产业关联型商业模式指演艺企业以现有经营领域为基础,根据价值产生的方向,将业务范围向产业内外扩展。

本山传媒成立于2003年,由赵本山担任集团董事长,主要产业有:演出业、影视业和艺术教育业,既有从内容生产向剧场运营、人才培养、衍生产品的延伸,也有以版权、品牌为核心的产业拓展。

从内容生产到剧场的前向延伸:2003年,赵本山创立了以演出二人转为主的刘老根大舞台,在沈阳、北京、天津、哈尔滨、长春等地开设了8家连锁剧场,剧场"天天有演出,场场都火爆"。

从内容生产到艺术人才培养的后向延伸:本山传媒于2004年与辽宁大学共同创办辽宁大学本山艺术学院,成为辽宁以及东三省重要的艺术人才培养基地,众多毕业学生活跃在本山传媒投资的影视剧、刘老根大舞台的各个连锁剧场以及全国各类演出场所,不仅壮大了本山传媒的后备队伍,也为辽宁省乃至全国输送了大量的艺术人才。

从演艺产业到影视产业的延伸:本山传媒先后制作了《刘老根》《乡村

---

① 聚橙网[EB/OL].[2018-06-01].http://www.juooo.com/footconfig/1.

爱情》《乡村名流》等电视剧,逐步形成了丰富的影视剧实操经验;与黑龙江卫视联合推出的融合东北二人转、喜剧小品、电视剧于一体的娱乐栏目剧《本山快乐营》,自开播以来收视率始终居同类节目前列,在东北地区乃至全国都具有一定的影响力。此外,本山传媒还参与制作了《落叶归根》《三枪拍案惊奇》《大笑江湖》等电影作品。

从演艺产业到餐饮业的异业衍生:2011 年 8 月开业的北京刘老根会馆,以二人转的生存土壤东北民俗为特色,与刘老根大舞台毗邻,主营刘老根私房菜,后根据市场环境变化,由高档消费转为提供物美价廉东北农家菜的老根山庄。

# 第二节　商业模式的演化规律

商业模式具有系统性、整合性和动态性的特点。系统性是指商业模式是一个整体,每个局部都是商业模式的一种影响因素,每一因素都可能成为企业商业模式的一项构成策略;每一个要素都揭示和影响着整体,包含着整体的全部信息,而整体又指导和牵引着每一个要素。[1] 好的商业模式是把各组成部分有机地关联起来,使它们相互支持、共同作用,形成一个良性循环。[2]整合性是指商业模式对企业所处的环境具有较强的资源整合功能,整合将形成有效的产业价值链。[3] 动态性是指对于任何一个企业来说,它所采用的商业模式不会是一成不变的,而会随着外部环境和自身条件的变化相应地进行创新,从而使其采用的商业模式从一种类型转变为另一种类型,可以说,企业的商业模式创新过程就是按照一定的规律发生动态演化的过程。

---

① 魏炜,朱武祥,林桂平.商业模式的经济解释[M].北京:机械工业出版社,2012:2.
② 沈志勇.重新定义中国商业模式[M].北京:电子工业出版社,2011:51.
③ 夏云风.商业模式创新与战略转型[M].北京:新华出版社,2011:28.

在产业发展初创期,进入该产业从事生产经营的企业数量不多,这一时期企业处于卖方市场,在产业价值链中利润最为丰厚的是生产和销售环节,企业倾向于采用聚焦型商业模式,将自身的经营业务主要集中于剧目生产或剧场运营等环节,从而获取较多价值。

随着产业的快速成长,分工细化,产业价值链上的环节增多,聚焦于生产、销售的企业竞争加剧,产业价值链中丰厚的价值由中间环节(生产和销售)开始向上、下游环节(研发和售后服务)发生转移。于是,众多企业纷纷进行商业模式创新,通过前向一体化或后向一体化进入这些新的丰厚价值环节,由此,商业模式也相应地从聚焦型占主导向价值创新型、纵向一体化型演化。

产业进一步发展,由成长期进入到成熟期,这一时期市场竞争已非常激烈,产业价值链的任何一个环节都有大量的企业开展经营活动。企业采用全产业链型商业模式和产业关联型商业模式,有助于找到新的利润增长点,建立新的竞争优势。

商业模式的演变,既随着产业生命周期的演变而变化,又有着自身的独立性。在产业生命周期的同一阶段,这几类模式都会同时存在,企业应根据自己的内外部资源选择适合自己的商业模式。本书第二篇"实践和案例",将对三家演艺产业代表企业的商业模式进行剖析,旨在从个案的特殊性中得出一般性的认识,并试图寻找可供借鉴的经验和规律。

# 小　结

本章从产业价值链视角将演艺企业商业模式归纳为价值创新型商业模式、横向联盟型商业模式、纵向一体化型商业模式、全产业链型商业模式和产业关联商业模式共五种类型,以八家企业为例,简要分析了企业可以通过对价值链上涉及的各项价值活动进行细分、选择和重新定位,确定自身价值活动的优势和劣势所在,继而对企业内外部价值活动进行优化设计、重组、整合,最终实现企业商业模式创新。以下第五至七章将对三家代表性演艺企业进行深入的案例分析。

# 第二篇　实践和案例

# 第五章　价值创新型商业模式：
# 爱丁堡前沿剧展策展团队案例研究

爱丁堡前沿剧展策展团队（以下简称前沿剧展团队）是深具影响力的艺术节策展机构及剧目创制机构，主营业务为创新形态的艺术节展策展、运营，以及戏剧作品的创作、制作、演出和交流。前沿剧展团队在演艺产业价值链中开创了艺术节策展这一新的价值环节，为客户和合作伙伴创造了价值，自身也在实现理想的同时获得良好的经济回报。

本章首先回顾前沿剧展团队发展历程，然后分析其商业模式的创新和升级，并从中得出若干启示。

## 第一节　前沿剧展团队发展历程

前沿剧展团队前身为成立于 1995 年的 N 剧场戏剧工作室，2003 年转为公司制，有剧团及演出经纪的双重资质，一直是独立于体制之外的民间主体，在戏剧行业探索前行的过程中，不断对商业模式进行升级、重构。

20 世纪 90 年代中期，国内演艺产业处于发展初期，演艺产业价值链上的主体只有剧团、演出公司、剧场，并且以国有体制为主。团队创始人袁鸿以独立制作人的身份，开创了"制作人＋剧组"的新形态——制作人负责筹集资金、组建剧组、负责剧务、推广售票等；剧组由制作人根据实际需要组建,以项目为基础,灵活成立与解散,与一般有导演、演员等固定班底的剧团比,剧组是更市场化的组织形式,这种组合在当时国内戏剧界尚属创举。

团队的另一创始人水晶,有着金融学博士和社会学博士后的学习背景,曾任职金融公司高管,出于对戏剧的热爱,2000 年起兼职加入团队,2007 年后全职投入,逐步成为团队的灵魂人物。

2001 年,袁鸿与台湾表演工作坊(以下简称表坊)合作,租下北京市西城区北兵马司胡同一处几百平方米空间,改造成北剧场,但由于政策原因,后由袁鸿独立运营,这是中国第一家民营小剧场。

运营剧场最大的问题是缺少内容,因此,袁鸿发起中国大学生戏剧节,发起并策划组织制作 2002 和 2003 北京国际小剧场展演,2003 台港小剧场展演,2004 北京英国戏剧舞蹈节等,这些活动实际上积累了策划剧展的经验。从产业价值链角度观察,袁鸿在经营北剧场时期,采用的是从剧场向剧展策划、节目制作环节后向延伸的商业模式,如表 5-1 所示。

表 5-1　北剧场商业模式

| 商业模式要素 | 分析 |
| --- | --- |
| 价值主张 | 分享好戏 |
| 核心优势 | 策划和制作剧目的能力 |
| 关键业务 | 自制剧目、邀请剧目 |
| 渠道通路 | 自营售票 |
| 重要合作 | 剧团 |
| 盈利模式 | 收入:票房;<br>成本:剧目制作费、邀请剧团演出费、房租、剧场运营支出 |

这一阶段,演出剧目由自制、邀请两类组成,主要收入来自票房,剧场座位只有 397 个,票房收入有限,成本除房租和剧场运营支出外,还有剧目制作费、邀请剧团演出费等,而策划和制作剧目,需要投入大量精力,当时主要核心工作人员几乎只有袁鸿、水晶两人,资源匮乏、精力分散,2003

年遭遇的"非典"，更使剧场等公共空间门可罗雀。在苦苦支撑五年后，北剧场于 2005 年 9 月关闭。

2006 年开始，团队正式成为表坊的大陆运营方，制作演出《暗恋桃花源》大陆版，引领明星戏风气之先，三年内连续演出 173 场，演出场数创造了当时舞台剧市场的记录。团队与表坊的合作模式是向其支付版权费，负责制作、演出等。这一阶段，袁鸿承担的仍是制作人的角色，以项目制的方式进行剧目运作，在带团赴各地演出的过程中，逐渐积累执行巡演的经验。

与表坊的合作，虽然票房业绩不错，但是在以创意、版权为核心的文化产业中，合作的主导权掌握在版权方手里，制作方则处于产业价值链的低端环节，要面对执行过程中的诸多困难，以及票房的压力，所获得的回报却有限。2010 年，在终止了与表坊的合作之后，袁鸿和水晶开始去世界各地看戏，酝酿新的方向。

两年后的 2012 年 9 月，团队联合英国文化协会等机构，发起成立爱丁堡前沿剧展，以精选剧目巡演的方式，向中国观众介绍与世界同步的好戏。剧展的创办，最初是因为袁鸿和水晶在爱丁堡艺术节看到了一些好戏，想第一时间把它们带到中国观众的面前。"爱丁堡"一词指剧目来源于爱丁堡艺术节，喻其国际性；"前沿"是对选择剧目和剧展风格的自我定位，意指剧目的实验、创新、不拘一格。

前沿剧展团队的这次转型，又是一次新的突破，即首次在表演艺术行业引入了策展人的概念。目前的表演艺术领域，缺少像视觉艺术和博物馆领域通常会有的"策展机制"，表演艺术节展应该有特定目标、年度主题，围绕目标和主题有针对性地组织剧目，而不是随便拼凑的"大拼盘"。前沿剧展团队在英国爱丁堡艺术节、法国阿维尼翁艺术节、澳大利亚阿德莱德艺术节、伦敦默剧节等各大国际艺术节看戏、选戏，在剧目选择上，只选那些真正达到艺术标准的剧目，并保证在剧目类型上的多元化，以新创剧目为主，强调"独家引进"和"中国首演"。这种方式，令观众有机会看到一般商业演出公司不会选择的作品，最重要的是可以让观众有机会看到足够新、足够好的戏。截至 2017 年底,爱丁堡前沿剧展已举办 5 届,引进国外优秀剧目 54 部,演出 983 场,观众人数近百万。

由于爱丁堡前沿剧展在剧目选择上的好口碑,以及在全国多个城市演出带来的影响力,逐渐有客户委托团队为其策划艺术节展。2015 年后,除继续独立策展、运营自有品牌爱丁堡前沿剧展外,团队受邀为剧场、商业综合体等提供策展服务,帮助客户创立新的艺术节展品牌。

在演艺产业价值链上,前沿剧展团队创造了新的环节——艺术节策展,提供策展和执行的专业服务,通过商业模式创新开辟了新的市场。

# 第二节　作为策展公司的商业模式

## 一、背景和概述

前沿剧展团队转型为艺术节策展机构,致力于帮助中小型剧场和商业空间创造属于它们的节展品牌。首先,是基于市场存在的需求:大量新建、改建剧场对好剧目有旺盛需求,但又缺少资源和运营人才;受电商冲击日益萧条的商业综合体,希望借助表演艺术的现场性吸引客户;观众对于不同形态剧目和在不同空间观赏存在热切期待。其次,是基于团队在20 多年发展过程中积累起来的各种能力,包括运营北剧场培养的策划剧展能力,运营大陆版《暗恋桃花源》培养的巡演执行能力,创立爱丁堡前沿剧展培养起来的国际视野和选戏能力。在上述旺盛的市场需求面前,团队的这些能力成为市场上的稀缺资源。

爱丁堡前沿剧展从独立选戏、购买剧目到巡演执行,完全由团队自营,创立以来除获得北京市东城区政府剧目低票价补贴共 16500 元以外,其他收入全部来自于票房。与大部分资金来自于政府的节展,如北京人民艺术剧院举办的首都剧场精品戏剧邀请展演、国家话剧院举办的中国原创话剧邀请展、上海市政府承办的上海国际艺术节等节展相比，与民间举办、运营亏损的林兆华戏剧邀请展、北京南锣鼓巷戏剧节相比，爱丁堡前沿剧展可能是目前国内唯一不依靠政府资助和商业赞助，靠票房收入实现盈利的艺术节展。

2015—2018 年，团队受邀策展新的艺术节展 6 个，其中杭州西溪国际艺术节连续举办两届，上海表演艺术新天地艺术节已举办三届，如表 5-2 所示。在这些节展项目中，上海虹桥天地演艺中心、杭州西溪天堂艺术中心和上海黄浦剧场为新建、改建剧场，上海新天地为商业综合体，地理位置均集中在市场化程度较高的长三角。

表 5-2　2015—2018 年前沿团队策展案例

| 年份 | 项目名称 | 委托方 | 演出剧目 |
|------|----------|--------|----------|
| 2015 | 首届西溪国际艺术节 | 杭州西溪天堂艺术中心 | 19 部作品，60 多场演出 |
| 2015 | 上海虹桥天地演艺中心开幕演出季 | 上海虹桥天地 | 5 部作品，15 场演出 |
| 2016 | 第二届西溪国际艺术节 | 杭州西溪天堂艺术中心 | 16 部作品，50 多场演出 |
| 2016 | 第一届上海表演艺术新天地艺术节 | 上海市黄浦区委宣传部、上海市黄浦区文化局、上海新天地 | 17 部作品，175 场演出 |
| 2016 | 一束光·江苏小剧场原创戏剧双年展 | 扬州青麦文化传媒有限公司 | 19 部作品，74 场演出 |
| 2016 | 上海黄浦剧场开幕演出季 | 上海黄浦剧场 | 9 部作品，4 部戏剧放映，40 场演出 |
| 2016 | 虹桥天地"光影剧场"展演 | 上海虹桥天地 | 17 部作品，170 多场演出 |
| 2017 | 第二届上海表演艺术新天地艺术节 | 上海市黄浦区委宣传部、上海市黄浦区文化局、上海新天地 | 16 部作品，144 场演出，28 场衍生活动 |
| 2018 | 第三届上海表演艺术新天地艺术节 | 上海市黄浦区委宣传部、上海市黄浦区文化局、上海新天地 | 15 部作品，200 场演出和衍生活动 |

## 二、商业模式要素分析

新的商业模式都是对现有价值链的调整。前沿剧展团队在演艺产业价值链上，实行专业化分工和细化，创造性地分化出新的环节——艺术节策展，笔者据此将其商业模式概括为价值创新型商业模式。以下对商业模式各要素进行逐一分析。

1. 价值主张

前沿剧展团队从策划爱丁堡前沿剧展起，就抱定"启蒙观众、刺激创作、净化生态"的宗旨。所谓启蒙观众，是用新的、独特的、富于创造性的作品，帮助观众打开视野；刺激创作，指帮助观众中的创作者或潜在创作者，开阔思路，激起创意的火花，推动新作品的出现；净化生态，是以高品质、低票价的策略，形成剧展的口碑，进而在市场上竖立起标杆，促进戏剧生态的优化。在受邀策展业务板块，也依然坚持同样的价值主张。

2. 核心优势

2003—2005 年在北剧场运营期间积累的策划剧展能力，2006—2010年在《暗恋桃花源》全国演出中积累的巡演经验，以及 2010 年后在世界各地看戏的收获，每一次转型都是突破瓶颈的探索，每一段经历也都带来能力的提升。

(1)提升选戏能力以及累积的剧目库

从 2012 年起，前沿剧展团队的核心人物袁鸿、水晶每年在不同国家的艺术节或剧院，观看超过 200 部的现场演出，不断被刷新的视野，不断累积的美学和技术的感受力、判断力，汇聚成选戏的能力。

在现场观剧的基础上，团队以严格的标准挑选好戏，逐步积累了品质优良、价格低廉的国际剧目产品库，在内容的供给侧形成了自己的独特优势，目前剧目库已有引进剧目及储备剧目 100 多部。

(2)度身定制的策展能力

前沿剧展团队为每位客户提供定制服务，根据合作方的场地特性、时间段、运营目标、预算等多种诉求,搭配不同主题和内容,打造出适合目标客户的节展剧目包,并在宣传和营销上予以深度配合和支持,通过定制为客户创造独特价值,更好地满足客户的需求。

度身定制的策展有以下特性:

因个体而异:在特定场合为特定客户提供;

因特征而异:目标是为了满足客户的个别需求;

因目的而异:在满足客户需求方面做到不多不少,严格准确地提供其所需之物。[①]

团队的第一个受邀策展项目,是 2015 年为新建的小剧场杭州西溪天堂艺术中心策划的首届西溪国际艺术节,艺术节强调节目的多元化和时间上的延续性,旨在令杭州西溪天堂这个区域成为当地的"文化艺术绿岛",让观众可以多次到达,成系列地观赏不同类型的艺术作品,也使这家新剧场在开幕后的相当长时间内因为有优秀剧目而持续地保持热度,为之后的运营打下良好基础。

已连续举办三届的上海表演艺术新天地艺术节,是国内首个在商业空间举办的大规模专业艺术节和上海市重大文化活动,以"建立表演形态与空间、地域密不可分的记忆链接,强调艺术家、作品与观众的互动,增强观众的参与度"为策展理念,在一个完全没有正常剧场的城市核心商业形态中,大量借用和改造现有商业空间,将其变为表演艺术空间,巧妙地将前沿、实验性的剧目与空间结合起来,形成独特的艺术节质感,充分探索了表演艺术和各种不同环境相结合的可能性。2017 表演艺术新天地艺术节获得了 2017 国际 ICSC 亚太购物中心银奖,是中国商业地产"文商旅结合"的成功代表案例。

而一束光·江苏小剧场原创戏剧双年展,则是针对扬州这样一个戏剧市场基础几乎为零的城市,设计了"一周一会"的展演模式,在每个周末

---

① 　B.约瑟夫·派恩,詹姆斯·H.吉尔摩.体验经济[M].毕崇毅,译.北京:机械工业出版社,2017:86.

以两到三个戏和众多活动聚集人气,在九周的时间里逐周叠加推动,兼顾普及性和国际前沿的面向,使当地的普通观众,通过此次展演,比较完整地了解中外戏剧的当代风貌。

(3)巡演和现场执行能力

在所有的策展方案提交之后,团队需要完成与之相关的平面设计、舞台搭建、外团邀请、演出报批、技术准备、现场执行等一切相关行政和技术工作,这一系列工作所需要的经验和专业能力,是一般单纯靠"策划"为生的团队和公关公司所无法做到的。尤其是各种复杂的非剧场演出形态和演出前中后的突发状况应对、艺术家沟通协调、演出调整,以及表演空间搭建、声场构建等技术操作层面,均有很高的专业要求。前沿剧展团队在这个重要环节,实现了从方案设计到执行的"一站式"交付,大大减少了剧团与场地方之间的磨合和沟通成本。事实上,一个大型艺术节展,从纸本上的方案,到最终的成形,是否能达到预期的目标,现场执行是成功的关键。①

3.关键业务

前沿剧展团队的关键业务——艺术节策展,一直处于不断升级中。

(1)策展1.0版,即创立和运营爱丁堡前沿剧展。

(2)策展2.0版,即为剧场受邀策展,策展案例有为新建小剧场杭州西溪天堂艺术中心策划西溪国际艺术节,为上海虹桥天地演艺中心策划开幕演出季和"光影剧场"展演,为上海黄浦剧场策划开幕演出季等,均以在剧场空间内上演剧目为表现形态。

(3)策展3.0版,即通过策展实现观演空间从剧场到全空间的拓展,如2017年表演艺术新天地艺术节以"人,在大地上诗意地栖居"为策展主题,9个国家共16部艺术作品进行了10天172场演出,新天地片区的太平湖公园、壹号会所、屋里厢博物馆、新里一层和翠湖天地生活艺术馆等,

---

都成为艺术作品的呈现场所。

（4）策展 4.0 版，即在艺术节剧目中，除采购外，部分剧目采用委约创作的方式，为艺术节提供独家内容，进行定制化经营。如 2018 年表演艺术新天地艺术节，策展主题为"让艺术如影随形"，15 部剧目中有 6 部为委约创作作品。

在全球最早提出"体验经济"概念的《体验经济》一书，将经济产出分为四种，即初级产品、产品、服务、体验。初级产品，是指那些从自然界采掘提取的材料。之后，随着制造业的兴起，经济形态从农业经济向工业经济转变，利用初级产品作为原材料，企业可以生产有形的产品，然后通过各种渠道销售出去。随着技术的革新，制造业部门创造的大量财富以及实物产品的大量累积，推动了整个社会对服务的需求，即针对已知客户的需求进行量身定制，服务提供商利用产品对特定用户提供特定服务，客户会感到这种服务的价值大于实施服务所需的产品的价值。而当企业有意识地利用服务为舞台、产品为道具来吸引消费者个体时，体验便产生了。[①]

从经济产出的角度分析，前沿剧展团队的关键业务，经历了从产品、服务到体验的提升：早期制作戏剧剧目，是生产；当团队转型为策展 2.0 版时，提供的是服务；而当进入到策展 3.0 版后，则又升级为经营体验的企业，亦即体验营造商，从为观众精心设计体验的角度，进行策展和呈现。

前沿剧展团队的两个业务板块，即爱丁堡前沿剧展板块和受邀策展板块，前者由前沿剧展团队独立投资、运营，收入来源于票房；后者向委托方收取策展费和顾问费，在两个业务单元之间，存在着协同效应：第一，爱丁堡前沿剧展是试验田，前沿剧展团队用自有资金实现剧目的引进和演出，接受市场的检验，再将艺术品质和市场反响良好的剧目放入策展艺术

---

① B.约瑟夫·派恩，詹姆斯·H.吉尔摩.体验经济[M].毕崇毅，译.北京：机械工业出版社，2017：8—13.

节的备选剧目库,实现自办剧展和受邀策展两者的部分剧目共享;第二,剧目在爱丁堡前沿剧展巡演中积累的口碑,为策展艺术节剧目演出做了预热宣传和前期传播;第三,爱丁堡前沿剧展作为团队自有品牌所积累的声誉,如同一间流动样板房,吸引更多客户委托团队策划定制艺术节展;第四,一些在艺术节平台上演出并获得好评的剧目,后续也会成为爱丁堡前沿剧展在全国其他城市巡演的剧目,有些甚至成为向国外艺术节平台输出的剧目,如 2016 年表演艺术新天地上演的委约原创剧目《你听·新娘》,在 2018 年以英文版方式在伦敦华人艺术节及伦敦南岸艺术中心上演。

**4. 渠道通路**

自有品牌爱丁堡前沿剧展的运营有两种方式:第一种是前沿剧展团队购买剧目后作为主办方,自主租剧场、自主售票,这可以称为"零售业务"。采取这种方式的剧目,或是市场特别火爆,无须以批发方式进行销售,或是新引进剧目,没有演出商接手,但团队又特别希望把这部作品介绍给观众。第二种方式,是把剧目销售给各地演出商或剧场,由对方负责售票,团队提供宣传等帮助,这可以称为"批发业务"。

在受邀策展板块,一般为委托方主动与前沿剧展团队接洽,希望得到策展专业服务,团队接受委托后,围绕策展理念,为主办方进行一揽子剧目组织和落地执行。

**5. 重要合作**

合作方包括策展的委托方,如政府、剧场、商业空间等,以及作为剧目提供方的艺术团体,作为渠道通路伙伴的演出商,作为终端场地的剧场等。

例如,表演艺术新天地的合作方有政府——上海市黄浦区委宣传部、上海市黄浦区文化局,也有企业——上海新天地。对黄浦区政府来说,商业区块是核心发展要素,新天地作为黄浦区最重要的宣传和展示窗口,通过表演艺术新天地艺术节的举办,可以扩大文化艺术对社会的影响力,同时打造新天地和黄浦区的文化品牌。在艺术节筹备阶段,黄浦区政府各部门在剧目内容审核及报批等行政流程方面,起到重要的决策和协调作用,并提供必要的资金支持,但在艺术节运营阶段,不介入具体事务的操作执行。对上海新天地而言,出于商业地产内在发展需求以及对文化艺术业态的高度重视,提供平台和部分经费,在艺术节的组织管理、现场运营方面与策展机构密切配合。从策展机构的角度来说,以独到的审美眼光,选择富有价值的艺术作品,通过艺术节的形式呈现给观众,帮助观众接受艺术的熏陶和洗礼,提高审美感知,也对政府、商业空间起到了推广作用。各合作机构在各自专业领域里发挥作用,相互合作,高效执行,是艺术节能够顺利举办的必要条件。①

6.盈利模式

(1)收入

①自办剧展的收入

自有品牌爱丁堡前沿剧展的运营,部分剧目由前沿团队自主租剧场、自主售票,获得票房收入。前沿团队一贯执行低票价政策,每场演出最高票价不超过 380 元,平均票价不到 200 元,还有 50 和 100 元的公益票,每场必须卖出九成以上的票,收支才持平。通过低票价吸引更多观众进入剧场,既是拓宽客户群体的措施,也是团队以"高品质、低票价"对"净化市场"的价值主张的践行。

②受邀策展的收入

在受邀策展板块,团队的收入主要是策展费和运营顾问费,以 2016 年表演艺术新天地为例,总预算如表 5-3 所示,其中策展和运营顾问费共 80 万元。

---

① 董雪.商业地产举办艺术节可行性探究——以上海表演艺术新天地为例[D].北京:中央戏剧学院,2017.

表 5-3    2016 表演艺术新天地预算表                     单位:万元

| 项目 | 支出内容 | 金额 |
|------|---------|------|
| 策展费用 | 工作人员酬金、国际差旅、国内差旅、通信印刷等 | 40 |
| 运营顾问费用 | 工作人员酬金、国际差旅、国内差旅、通信印刷等 | 40 |
| 艺术节演出费用 | 剧组酬金、舞台设计、道具制作、灯光音响、机票酒店、税收等 | 300 |
| 活动现场营运 | 新闻发布会布置、临时剧场及舞台搭建、艺术家休息区、保安清洁电费等 | 60 |
| 立项预算 | | 440 |

资料来源:董雪.商业地产举办艺术节可行性探究——以上海表演艺术新天地为例[D].北京:中央戏剧学院,2017.

经费的来源,是上海市新天地和上海黄浦区政府双方在策展、运营顾问及艺术节演出这三项预算当中各承担一半费用,即 190 万元,另外,新天地承担活动现场营运的 60 万元。

(2)成本

①剧目采购

在选择剧目的阶段,一般即考虑剧目的综合成本,如巡演人数、是否有国际货运、设备复杂程度等,尽量选择小而美的剧目。

②巡演成本

自有品牌爱丁堡前沿剧展板块,团队安排剧目在不同城市巡演,通过拉长演出周期,降低单场平均成本。尽量不从国外运输布景道具,采取在中国制作舞美布景、租赁灯光音响多媒体设备等办法,从各个环节压缩运营成本。

③人力成本

前沿剧展团队核心员工人数不到 10 人,平时高效运作,降低人力成本。在大型节展或巡演期间,再另外配备相应的技术人员和行政人员,以保障节展和巡演的正常进行。

综上所述,前沿剧展团队在演艺产业价值链中分化出艺术节策展这一新的价值环节,通过价值创新型商业模式的运用,在传统的剧团、制作公司、演出公司等竞争的红海之外,开辟了一块新的领域。

# 第三节　前沿剧展团队的启示

前沿剧展团队的创始人袁鸿、水晶,始终怀抱着使命感,利用微小的力量营造出良性的微观戏剧生态:在保持剧目高品质和剧展好口碑的基础上,为团队成员提供好的工作环境和公平的收入,为观众和社会提供有价值的艺术作品,也为自己积累可以继续发展的经济资源①。无论是依靠票房实现盈利的爱丁堡前沿剧展,还是多方共赢的受邀策展业务板块,都表明前沿剧展团队的整体运作是良性发展的,它向市场和行业发出一个积极信号:理想主义者,不但没饿死,而且可能实现盈利。

前沿剧展团队的启示在于:

第一,发现需求,创造新的产品。

前沿剧展团队创立爱丁堡前沿剧展后,获得良好的市场反应,并发现了市场对艺术节展的需求,由此进入了新的市场领域。很明显,团队曾经历的剧场运营、剧目制作、演出经纪等环节,都已是竞争激烈的红海,而转型策展机构,则是进入蓝海市场,它不是对现有需求的争夺,而是超越现有需求,通过提供创新产品和服务,开辟新的市场空间,实现价值创新,使客户和企业的价值都实现提升。两种市场战略的比较如表5-4所示。

---

① 水晶. 2015 年终盘点:别忘了为何出发[EB/OL]. (2015-12-31)[2018-06-01]. http://blog. sina. cn/s/blog_a7d524d70102wro3. html.

表 5-4　红海和蓝海战略比较

| 红海战略 | 蓝海战略 |
|---|---|
| 在已经存在的市场内竞争 | 拓展非竞争性市场空间 |
| 参与竞争 | 规避竞争 |
| 争夺现有需求 | 创造、发现新需求 |
| 遵循价值与成本互替定律 | 打破价值与成本互替定律 |
| 根据差异化或低成本的战略选择,把企业行为整合为一个体系 | 同时追求差异化和低成本,把企业行为整合为一个体系 |

资料来源:W. 钱·金,勒妮·莫博涅. 蓝海战略[M].吉宓,译.北京:商务印书馆,2005.17.

　　在发现新的需求后,关键是创造出新的产品。在 20 世纪 70 年代,英国戏剧和电影导演彼得·布鲁克就曾说过,"当在一个人的注视下,另一个人走过空的空间——这时候,表演就已经发生了,这个空的空间就已经是剧场"。前沿剧展团队的策展理念,也是想打破大家对表演艺术的既有观念,首先是对形式的认知,表演艺术不只有站在舞台上说话这一种形式,它涵盖了戏剧、戏曲、舞蹈、音乐等一系列用行动来完成的艺术;其次,任何一个空间都可以成为表演艺术空间。整个表演艺术领域,从形式、空间到观演关系都应该发生变化,也将和公众、城市与社会建立起密切的联结[①],因此,前沿剧展团队致力于"创新形态"的艺术节展,在艺术节节目形态、节目和空间融合的形态以及策展的形式方法等多方面进行创新。

　　第二,发挥核心优势,不断超越自己。

　　作为文化产业的小微企业,资源有限,尤其营销是团队的短板,因此前沿剧展团队选择了扬长避短,专注于内容型服务和节展策展能力的优势发挥,向客户提供专业的策展服务和高质量的演出内容,并且在产品结构、品类和综合服务上不断升级,优化商业模式,拉开与后起竞争者之间

---

　　①　王倩蔚.15 部剧目将在上海新天地各种场合上演,从形式到内容都不拘一格[EB/OL].(2017-05-23)[2018-06-01]. http://www.qdaily.com/articles/53371.html.

的差距。

商业模式根据企业内外部环境的变化而发生动态演变。前沿剧展团队所进入的蓝海市场,也已经有新的竞争者进入,"在不同城市开拓的巡演路线和合作剧场,迎来了更多的相似类型合作者;在上海新天地创造的开放式和浸没式公共空间表演艺术,引来无数效仿者"。此外,随着中国表演艺术市场的成长和扩容,国内的艺术节展也正在呈井喷之势,各主办方到国外采购成了常态,而前沿剧展团队如何在国外看戏选戏和采购剧目的过程中,始终如一地保持高品质? 如何尽可能做到独家引进和中国首演? 如何争取和委托方的长期合作? 如何在原有的运作形态上,不断前进和拓展,形成更鲜明的自我特征,拉开与追赶者之间的差距,这些都需要前沿剧展团队不断超越自己,需要如团队核心人物水晶所言:"不断地选择,不断地放弃,不断地被启发、被激励,不断地在内心检测方向,是否坚持了对自己、对观众、对艺术家的承诺,是否尽了最大的努力在具体工作细节上去展现美、创造奇迹!"①

2018 年 6 月 8 日到 18 日,由爱丁堡前沿剧展策展团队策展的第三届表演艺术新天地艺术节活动在上海新天地举行。笔者在艺术节"浸泡"数日,并撰写评论文章,特收录于此。

## 2018 表演艺术新天地艺术节
## 发生在上海的艺术实践

从什么时候起,时尚地标新天地开始从商业主旋律向复调音乐悄然转变的呢? 也许,是从 2016 年第一届表演艺术新天地艺术节诞生后开始的吧!

作为几乎是新天地最早一批商户,但已在多年前黯然离场的我,在这

---

① 水晶. 做自己——"爱丁堡前沿剧展"五周年之际[EB/OL]. (2017-10-10)[2018-06-01]. http://www.sohu.com/a/197313028_299267.

个 6 月重回新天地，是受到第三届表演艺术新天地艺术节的吸引。新天地依然是时尚人士和外地游客的打卡圣地，但伊人已逝的"逸飞之家"、不知是否还在别处坚守的"琉璃工房"和副牌"透明思考"，以及我曾在其中设立专柜的家居精品概念店"生活惊艳"，都早已"城头变幻大王旗"，令人感伤；但艺术节期间的新天地，与时尚和商业的旋律平行和交融的，是艺术的旋律！表演艺术带来的新质感，为新天地增添了魅力、活力和魔力。

## 新天地可以这样玩

如果说通常到新天地打卡，走进的是商场、酒吧餐厅、"一大"会址、屋里厢博物馆等真实的存在物，那么声音行动剧场《耳畔呢喃》就是对新天地特殊的打开方式。

这部今年新天地艺术节的委约原创作品，没有舞台、没有演员，观众从起点站戴上耳机，拿着地图，开始一段一个人的旅程，跟着耳机中女孩露比的声音，在新天地的巷弄之中穿梭，去寻访她的外婆和母亲曾经生活过的场所：壹号会所——外公外婆在舞会中初识的地方；穿过新天地的里弄，到达屋里厢博物馆——这是她母亲曾居住过的小楼，二楼的卧室里挂着露比外公外婆的合影。在五个点串起来的旅程中，观众听到的是这个 28 岁、初次回到中国的女孩，探寻外婆、母亲旧日生活的痕迹。尽管没有舞台、没有演员，可这一切就是戏——用虚拟的方法，模拟一段真实的生活；但它又不是戏——因为观众走进的是真实的空间，而不是虚拟空间。这个无法定义的演出，因为耳机里宛如邻家女孩的声音，因为插入戏迷外婆最爱的昆曲《牡丹亭》等音效，而显得无比逼真。

我们跟着耳机里的露比，穿梭在这片早就迁走原住民，从里弄住宅改造而来的商业区，似乎穿越回老上海，与几代原住民的生活相遇，以这样的方式，让这片空间里的历史走出尘封。这不仅是一种新的表演艺术类型，也是历史文化街区的一种既轻巧又厚重的打开方式。

来自法国的户外灯光装置巡游《光影舞马》，一位帅气驯马师和五匹由人模拟的马匹组成的队伍，从 6 月 8 号到 12 号的晚上，夜夜在新天地巡游,穿过室外餐桌和衣着鲜亮的客人,穿过水泄不通的北里广场和小巷,在光影和音乐的变换下,翩翩起舞,马儿是萌萌的和洒脱的,音乐是优雅和俏皮的,暖得人心都化了!

在被高楼大厦包围的太平湖,一个大型月球装置赫然出现在湖心岛上。月光下,实景昆曲《花间月》和实景器乐演奏《三弹映月》在艺术节期间轮流上演,当昆曲的经典唱腔和具有现代感的古典诗词演唱融为一体,当古琴、琵琶、中阮的音乐声、歌唱声,带来诗一般的梦幻意境,在 6 月夜晚的凉风里,只需在草坪上坐下,静静聆听! 此时,忘了周围高楼大厦里的世界 500 强公司,忘了周围高档住宅里的成功人士,就让艺术旋律任意弥漫,在新天地,还可以这样玩!

## 表演艺术可以这样玩

今年的新天地艺术节,以"让艺术如影随形"为策展主题,有来自 7 个国家和地区的 15 部表演艺术作品——装置巡游《光影舞马》、多媒体浸没式舞蹈《我心无限》、创意物件剧《在云端》、形体偶剧《小狗英戈的二战》、默剧《也许,也许,也许》、街舞《街头战舞》、世界舞蹈《精调》、京剧《京探》之"七情"、昆曲《花间月》、梨园戏《吕蒙正·过桥入窑》、多媒体音乐《雨中之光》、实景音乐演出《三弹映月》、声音演出《耳畔呢喃》、戏剧《夜奔》和音乐舞蹈剧场《海》。在 11 天里,在室内空间——屋里厢博物馆、壹号会所、新里中庭、翠湖展厅,室外空间——太平湖湖心岛、南里广场,以及临时搭建的帐篷剧场里,上演了近 200 场。在节目的时间轴设置上,更有"前半场看热闹、后半场看门道"的安排。

6 月 12 日到 15 日在壹号会所上演的《京探》之"七情",也是本次艺术节的委约定制作品,以浸没式戏剧的方式,用 45 分钟的时间,演出了京剧《野猪林》里最精彩的七段戏。台上只有林冲和林娘子,其他以画外音和影像的方式出现,高度浓缩,但既不离故事,也不离表演——一生一旦,运用京剧的手眼身法步和唱念做表,进行叙事和刻画人物;更精巧的是,该作品从故事中提炼出"喜、怒、忧、思、悲、恐、惊"七种情绪,近距离放大呈现在观众面前。

演出场地分为两个区域：一处演室内戏，如白虎节堂林冲受陷害、林娘子在家思念丈夫等；另一处演室外戏，如夫妻参访寺庙、林冲长亭别妻等。每一场切换表演区，观众也跟着演员移动，表演区与观演区相距只有两三米，几百年的戏曲功夫，和运用这高超功夫表达的强烈情感，就在观众眼皮底下，掀起排山倒海般的震撼，观众不仅身临其境般洞察人物内心，感受人物命运，更对戏曲表演特有的美学有一番最直观的体会。

《京探》之"七情"是我所见过的最精彩生动的京剧普及形式，和王潮歌导演的《又见敦煌》比，虽然观众也是在不同的表演区走动观看，但"敦煌"项目花了几个亿盖专用剧场，而《京探》是因地制宜利用空间！和那些送出国的戏曲演出相比，缺乏中国文化背景的外国观众，可能很难在一小时内搞懂林冲的故事，但透过故事强化的情感、强调的戏曲功夫，大概是会让他们对中国文化的技术和艺术多一点崇拜和惊叹！和王珮瑜的清音会、张军的昆曲万人演唱会相比，那些迎合观众的行为，不知要将戏曲带向哪里，而《京探》，是不离戏曲本体的传播，是创新的传播手段与传统戏曲精华的美妙结合！在小小的空间里，目睹眼前精巧和高级的表演，我忍不住生出的，是对民族文化的自信心——咱家里老祖宗的宝贝，不少哇！

16 日到 18 日在同一空间内上演的梨园戏《吕蒙正·过桥入窑》，亦是异彩纷呈！第一晚观众宛如走进"排练厅"，观看褪去了妆容和戏服后的素颜表演，其后的两晚也是不同的演法。三天的浸入式演出，不仅可大饱眼福，细赏梨园戏头牌曾静萍的"风情万种、媚眼如丝"，现场还有茶师泡茶，观众可随时交流，别出心裁又细腻耐品。

来自墨西哥的默剧《也许，也许，也许》，胖胖的小丑演员，幻想爱情，用卷筒纸铺成红地毯，抱着一件男式西服假想男人的爱抚，哼着门德尔松的《婚礼进行曲》，自导自演婚礼仪式……神级演技，惊艳全场。可笑完了，心里却是悲的！因为演员演的，不仅是一个剩女恨嫁的心，对爱的渴求、对爱人的幻想，更是每一个孤单寂寞的人的心情！但真正厉害的是演员高超的舞台掌控力：每天的演出，都要从观众中邀请一位男士成为新郎，面对每一位不同的搭档，"她没有一分钟离开角色，却又随时面对突发情况，游刃有余，把台上和台下观众的心都牢牢把握在自己的手里"。而这些，是在屋里厢博物馆二楼一个大约只有50平方米的空间中实现的，我无法想象它在高高的舞台上演，让被选中的新郎迈过几级台阶郑重地走上舞台；也不能想象在有着层层抬高、上百个座位的小剧场上演，让新郎从遥远的高处跑来上台；我在这个小空间看到的，可能就是这个剧目的最好样子——似乎我们都坐在她家的小客厅，悄悄看她自导自演这出幻想爱和被爱的戏。

## 艺术节可以这样玩

据介绍，表演艺术新天地是国内首个在商业空间举办的大规模专业艺术节，以"建立表演形态与空间、地域密不可分的记忆链接，强调艺术家、作品与观众的互动，观众的参与度"为策展理念，在一个完全没有正常剧场的城市核心商业形态中，大量借用和改造现有商业空间，将其变身为表演艺术空间，巧妙地将前沿、实验性的剧目与空间结合起来，形成独特的艺术节质感，充分探索了表演艺术和各种不同环境相结合的可能性。

在我看来，表演艺术新天地的创新，不止在于空间上的创新——实现观演空间从剧场到全空间的拓展，拓展和利用餐厅、博物馆、广场等各种公共空间的可用性与潜质，对开放空间、半开放空间、封闭空间、流动空间采取不同的使用方法，在没有剧场的商业空间中，实现节目和空间融合的创新；也不止在于内容上的创新——采购剧目选择台词少、受众面宽的作品，部分剧目采用委约原创方式，为艺术节提供独家内容，进行定制经营。

在这个体量并不大的艺术节里，我还看到了策展团队对于改善表演艺术行业生态的用心。这种用心，起码体现在以下几个方面：

第一，拓展表演艺术的边界。策展团队想要打破大家对表演艺术只是站在舞台上说话的既有观念，想让大家通过作品体会到——表演艺术是涵盖了戏剧、戏曲、舞蹈、音乐等一系列用行动来完成的艺术；任何一个空间都可以成为表演艺术空间，整个表演艺术领域，从形式、空间到观演关系都应该发生变化，也将和公众、城市、社会建立起密切的联系。

第二，拓宽表演艺术的受众群。表演艺术因为必须现场发生的特点，使得演出的成本、观看的成本都居高不下，正成为越来越小众的艺术。策展团队希望更多人能轻松地与表演艺术接触，获取艺术的滋养，因此，艺术节的演出票价极其亲民，今年 15 部作品的演出，9 部免费，仅有 6 部售票，总计花 530 元就可以看全艺术节所有剧目，在全国甚至全世界恐怕也是绝无仅有，当然这个前提是得到了主办方上海市黄浦区委宣传部、上海市黄浦区文化局和新天地的支持，他们承担了艺术节购买剧目等所有支出。

而且，并不因为观众可能是看剧"新人"就可以糊弄，艺术节的采购剧目，是策展团队每年在英国爱丁堡艺术节、法国阿维尼翁艺术节、澳大利亚阿德莱德艺术节、伦敦默剧节等各大国际艺术节观看 200 部以上剧目的基础上精挑细选的，只选那些真正达到艺术标准的剧目，并保证在剧目类型上的多元化；充分考虑节目语言障碍小，互动性强的特点；针对空间和艺术节的需要，适度委约原创剧目；以新创剧目为主，强调"独家引进"和"中国首演"。

此外，在艺术节的剧目菜单设计上，进行"金字塔"式的分层设计：第一层是无门槛的，如今年的户外演《街头战舞》《光影舞马》等，这类演出占 40％；第二层是面向有一定艺术修养的白领或精英人士，也占 40％，如默剧《也许，也许，也许》、形体偶剧《小狗英戈的二战》等；第三层面向艺术爱好者和资深观众，占 20％，如多媒体浸没式舞蹈《我心无限》、梨园戏《吕蒙正·过桥入窑》等。因为艺术节的开放性，很多来到新天地的游客、餐饮客人、购物客人等，有机会以免费或低廉的票价"邂逅"优质的艺术作品，尤其是与户外免费演出不期而遇，有可能从此被表演艺术"圈粉"，无形之中拓展了观众群体。

第三，扶持本土原创。在今年的 15 部剧目中，有 6 部为委约原创作品。《京探》之"七情"是曲京人工作室继去年《京探》之"堂·汇"备受好评之后的第二次亮相,同样旨在对京剧新观众进行普及展现。让观众跟随着演员,穿行于各个空间,游走于戏里戏外,是最当代的浸没式戏剧,也是最传统的古典戏曲。《京探》系列在艺术节的演出,为上海京剧院青年演员蓝天和他创办的曲京人工作室打开了知名度,为之后在国内外进行京剧普及演出创造了机会。

声音行动剧场《耳畔呢喃》由艺术节2016年委约原创剧目《你听·新娘》、2017年委约原创剧目《你听·同学会》的原班创作团队倾力打造,艺术节为年青的创作团队提供了创作、演出并逐步走向成熟的机会,还将把英文版《你听·新娘》送上2018年伦敦华人艺术节,在伦敦南岸艺术中心演出。

第四,播撒热爱的种子。艺术节期间的工作,不少由志愿者、实习生承担,这些爱好表演艺术的年轻人,穿梭在艺术节的台前幕后,感受最新最前沿的戏剧、舞蹈、音乐等作品,与国内外艺术家零距离接触,热情被点燃、被放大,也许日后就将投身这一行业。

第五,促进艺术和商业、艺术与人的关系。作为一个发生在商业空间的艺术节,一开始它就被赋予吸引并带动新天地商圈客流量,提升商业空间经济效益的期待,事实上,艺术节完成得很漂亮。仅从2017年的数据看,2017年表演艺术新天地艺术节期间,新天地南北里的平均日销售额比2016年同期增长47%,比活动前10天的平均日销售额增长了7%。

不能不提的是,艺术节在某种程度上恢复和提升了表演艺术自带的社交属性。因为艺术节,人们呼朋唤友,或老友相邀,或结识新友,因为对一部作品的共鸣,而拉近了心的距离。复调的新天地,使更多人,以更多不同的理由,更深地爱上了它!

艺术节,能成为一座城市的迷人风景吗?世界三大艺术节——英国爱丁堡艺术节、法国阿维尼翁艺术节、澳大利亚阿德莱德艺术节都做到了,每年吸引着来自世界各地的业界人士、观众和游客,艺术节甚至主导了这几座不大的城市！乌镇戏剧节也做到了,戏剧节期间的乌镇,是全世界最华丽的梦空间,进入乌镇景区,场景切换,日常琐碎生活下场,戏剧则昼夜上演,每一处都是舞台,每一秒都如幻如戏！而表演艺术新天地艺术节,在五光十色的大都市上海、在眼花缭乱的时尚地标新天地上演,其要成为迷人风景的难度,其实是大于以上诸艺术节的。好在,在不大的区域,用不高的预算,艺术节已初闻啼声,莺声呖呖,假以时日,推而广之,也许,从新天地孵化出更多带给人幸福感的艺术节,也不是一个遥远的梦!

# 小　结

本章首先概述爱丁堡前沿剧展策展团队从戏剧工作室、剧场运营、制作公司到策展机构的发展历程,提出其在产业价值链中分化创新出艺术节策展环节,通过商业模式的创新,使自有品牌爱丁堡前沿剧展成为国内唯一靠票房实现盈利的高品质艺术节展,受邀策展板块实现了复合式创新及多方共赢,团队也实现了一个理想主义者的目标。

# 第六章 纵向一体化型商业模式：
# 日本四季剧团案例研究

四季剧团是日本最大演出团体之一，以引进欧美音乐剧版权，进行本土化制作为主，同时持续推出原创戏剧，是在日本拥有剧场最多的剧团。剧团采取纵向一体化型商业模式，既有从制作、演出环节向票务销售、剧场运营拓展的前向一体化，也有向演员培养拓展的后向一体化，对于提高产品品质、降低企业成本起到了很大作用，四季剧团也因此发展成为亚洲最大的音乐剧团体，并使日本成为英国、美国之外最活跃的音乐剧市场。本章先概述四季剧团发展历程，总结企业价值链特点，然后对其商业模式进行分析，并从中得出若干启示。

## 第一节 四季剧团发展历程

四季剧团由浅利庆太等 10 名大学生创立于 1953 年，剧团成立的前 10 年，演出上座率低迷，经营举步维艰，浅利庆太到日生剧场兼职做经理，赚取收入维持剧团生存。1960 年，四季剧团有限公司成立，1967 年更名为四季株式会社，从自发性团体转为企业化运营机制。

在早期，剧团以演出法国作家让·阿努伊、让·季洛杜的作品获得认可，20 世纪 60 年代中期，浅利庆太受百老汇音乐剧启发，开始了摸索音乐剧制作的道路。1964年和日生剧场合作,由四季剧团制作面向儿童的舞台作品,在日生剧场演出,这是四季剧团在同一剧场长期演出的开始。1974年,剧团制作的日文版音乐剧《西区故事》上演,正式步入了音乐剧演出的时代,成为话剧、音乐剧演出并存的团体。

1983年剧团成立30周年,浅利庆太引进百老汇音乐剧《猫》,斥资3亿日元在东京兴建"猫剧场",制作和宣传投入5亿日元,开启日本戏剧界前所未有的驻场演出,电脑售票系统也在这一年开始启用。

此后,在引进人气音乐剧作品的海外版权方面,四季剧团确立了同行难以企及的竞争优势。1986年引进《剧院魅影》,1995年引进迪士尼公司的《美女与野兽》,1998年引进《狮子王》,均大获成功。

建团以来上演的近两百部剧目中,涵盖音乐剧、话剧、儿童剧等多个剧种,既有大热门《狮子王》《剧院魅影》《阿依达》《妈妈咪呀》等引进音乐剧,也有剧团原创剧目,如原创音乐剧《李香兰》等。演出区域覆盖日本全国,2015年全年演出3099场,观众约300万人,其中有1702场在东京以外地区演出,占演出总数的55%。①

日本没有政府所属的剧团,全国1000多个剧团都是私营的②,其中,四季剧团的演出场次、演出收入等指标在日本剧团中全都独占鳌头,2013—2017年每年演出均超过3000场,如表6-1所示。"日本政府每年拨款16亿日元资助戏剧事业,四季剧团不仅不向国家要一分钱补助,而且每年向国家缴纳近20亿日元的法人税,比政府给全国的资助经费还要多。"③

---

① 四季剧团[EB/OL].[2018-06-01].https://www.shiki.jp/.
② 石泽毅.从四季剧团的经营看表演艺术的产业化[J].北京观察,2003(12):58-61.
③ 王翔浅.艺术与经营的奇迹——浅利庆太和他的四季剧团[M].北京:中国戏剧出版社,2012.

表 6-1 2013—2017 年四季剧团的演出场次　　　　　　　　　　单位：场

| 年份 | 演出场次 |
| --- | --- |
| 2013 | 3094 |
| 2014 | 3253 |
| 2015 | 3099 |
| 2016 | 3167 |
| 2017 | 3097 |

数据来源：根据四季剧团官网整理。

四季剧团先后建设、改造了近 20 家剧场作为自己的专用剧场，至今仍有 8 家剧场在经营使用，是日本乃至亚洲拥有剧场最多的剧团。

## 第二节　四季剧团企业价值链分析

在由剧目创作、制作、舞台技术、演出经纪、票务销售、剧场运营、衍生产品等环节构成的演艺产业价值链中，四季剧团将自己定位在演员培养、剧目制作、票务销售、剧场运营等环节。

演员培养：日本没有专门培养演员的大专院校，培养演员的重任都落在剧团的肩上。因此，1967 年，四季剧团就设立了剧团附属研究所，聘请日本顶级的声乐和舞蹈教师，走上了培养演员的漫长道路。2006 年，四季剧团在位于横滨市的四季艺术中心内扩建排练厅，为演员提供一流的排练环境和丰富的免费课程，平均花费五到十年的时间，培养成就一个演员。[①]

剧目制作：四季以引进剧目为主，购买欧美音乐剧版权，进行严格复制，舞美、服装等原材料专门进口，排演上完全不折不扣模仿，演员连音符

---

① 王翔浅.艺术与经营的奇迹——浅利庆太和他的四季剧团[M].北京:中国戏剧出版社,2012:132－138.

也不能有一丝一毫的偏差，保证高质量的演出水准。

票务销售：四季剧团和提供娱乐信息服务的琵雅（PIA）杂志共同开发了日本最早的计算机票务系统，票务销售除少数票务代理店、铁路售票窗口等代理渠道外，绝大部分通过四季的自有渠道进行。

剧场运营：从1983年在东京新宿兴建帐篷式"猫剧场"，1993年在北海道设立第一家专用剧场，先后建设、改造了近20家剧场作为四季专用剧场，目前仍在投入使用的有东京、大阪、名古屋、札幌等地的8家剧场，带给观众最好的视听感受和最温馨的服务。

# 第三节　四季剧团商业模式分析

四季剧团的商业模式，是在产业价值链上通过前向一体化和后向一体化以创造、传递和获取价值的纵向一体化型商业模式，以下从商业模式六个要素分别进行阐述：

## 一、价值主张，即解决客户难题和满足消费者需求的主张

向观众传递人生的感动和生命的喜悦，是四季剧团的价值主张。准确地说，这种感动是指给观众带来"体会到人生价值"的感动，并且通过这种感动，进而达到"感动改变人生"的目的。

四季剧团并没有单纯地把自己作为一个艺术团体来看待，而是将剧团整体定位在为观众服务的娱乐性组织，致力于提供精彩的演艺产品，吸引更多观众走进剧场，从戏剧中获得快乐和感动。企业在达成商业目的的同时，通过慰藉人们的心灵，长久地为社会做出贡献。[①]

---

① 王翔浅.艺术与经营的奇迹——浅利庆太和他的四季剧团[M].北京：中国戏剧出版社，2012：106.

要让观众感动，首先在于剧目选择。四季剧团在欧美音乐剧的选择上，始终有自己的标准，即引进以热爱生活，让观众感受到生命愉悦为主题，表现形式丰富多样、大胆突破的剧目。例如开启四季驻场演出篇章的音乐剧《猫》，从猫的世界发出爱的信息——"一起活下去，向着明天的新生命"，带给人们勇气，直接传递到观众心里；儿童剧《想变成人的猫》传递给孩子们的，是"生命的珍贵、对他人的关爱之心、彼此信任的喜悦"等等。

其次，浅利庆太认为，戏剧的感动，80%来自于剧本的文学成果，演员和导演的魅力只占剩下的20%。作家、作曲家等作品的原创者是第一艺术家，导演和演员是第二艺术家，其使命是把作家创作作品的感人之处，用形体、声音等出色的戏剧语言准确地传达给观众，因此，支撑着四季舞台的，是母音法、呼吸法、断句法等演技的方法论，目的是让观众通过演员明确清晰的朗读和表演技巧来体会作品。①

再次，四季剧团建设专用剧场，就是建设让剧目安身立命的"家"，剧场承载着剧团所要传达给观众的价值主张，更在某种程度上决定着传递的质量和程度。

## 二、核心优势，即企业具备的重要资源和能力

### 1.领导人

掌门人浅利庆太是优秀的导演，也是出色的经营人才，他对政治、社会各方面颇有独到见地，有理想情怀，深信艺术活动和企业行为并不矛盾，如果能够使有趣的戏剧在"像样"的剧场里让人们尽情欣赏的话，当今的市民社会是会支持舞台艺术的。舞台艺术家不能仅仅依靠国家或地方政府、经济界的援助，而必须建立起一个自强自立的体系，应该通过自己的手来解决经济问题。② 文化应该经过商人的手把它摆放到全国各地的

---

① 王翔浅.艺术与经营的奇迹——浅利庆太和他的四季剧团[M].北京：中国戏剧出版社，2012：355-356.

② 浅利庆太.浅利庆太随笔集——艺术·人生·社会[M].帅松生，译.北京：中国文联出版社，2002：124-125.

门市上，这是他开展全国公演的出发点。

理想——向观众传递人生的感动和生命的喜悦；财务——经营业绩的严酷挑战。浅利庆太执掌四季剧团半个多世纪，以惊人的毅力和超人的能力，追求理想和财务的平衡，实现了艺术与经营的奇迹。

2. 剧场

浅利庆太从百老汇引进音乐剧，也学习了驻场演出的方式，百老汇的剧院经营者一般拥有或长期租用剧院进行运营，制作公司则负责制作和演出，在它们之间还有中介经纪公司，而四季剧团既是制作公司，同时也是剧场运营方，在产业价值链上从内容生产向剧场运营前向延伸。

从成立以来，四季剧团一直处于租用剧场演出的状态，饱受租用时间和剧场条件等对作品演出的局限。一直到建团 30 年后，终于开启了自建和运营剧场的时代。1983 年，四季剧团在东京新宿兴建使用期一年的帐篷式"猫剧场"；又过了十年后，在全国各地陆续开拓自己的专用剧场：1993 年在北海道札幌建立全日本第一座剧团专用剧场，1995 年大阪"MBS 剧场"，1996 年"福冈城市剧场"，1997 年"名古屋音乐剧剧场"等相继落成，这些剧场都是在倒闭的会馆和剧场的基础上改建而成。1998 年东京"春""秋"两大剧场的建设揭开了兴建专用剧场的新一页，在短短的十几年时间里，四季剧团先后建设、改造了近 20 座剧场作为自己的专用剧场（详见表 6-2），至今在东京、横滨、大阪、京都、名古屋、北海道等地共拥有 8 座专用剧场，是日本乃至亚洲拥有剧场最多的剧团。

表 6-2　四季剧团专用剧场一览表

| 开业时间 | 剧场 | 地点 | 备注 |
|---|---|---|---|
| 1983 年 | 猫剧场 | 东京 | 临时 |
| 1993 年 | JR 剧场 | 札幌 | 改建 |
| 1995 年 | 大阪 MBS 剧场 | 大阪 | 改建 |
| 1996 年 | 福冈城市剧场 | 福冈 | 改建 |
| 1997 年 | 名古屋音乐剧剧场 | 名古屋 | 改建 |
| 1998 年 | 春剧场、秋剧场 | 东京 | 新建 |
| 1999 年 | 新名古屋音乐剧剧场 | 名古屋 | 新建 |
| 2002 年 | 京都剧场 | 京都 | 新建 |
| 2002 年 | 电通四季剧场[海] | 东京 | 新建 |
| 2003 年 | 自由剧场 | 东京 | 新建 |
| 2004 年 | 猫剧场 | 东京 | 新建 |
| 2005 年 | 大阪四季剧场 | 大阪 | 新建 |
| 2009 年 | 佳能猫剧场 | 横滨 | 新建 |
| 2010 年 | 夏剧场 | 东京 | 新建 |
| 2011 年 | 北海道四季剧场 | 札幌 | 新建 |
| 2016 年 | 名古屋四季剧场 | 名古屋 | 新建 |

资料来源:根据四季剧团官网整理。

在专用剧场进行长期公演的效果显而易见。租赁剧场时一轮演出的最长纪录基本在 100 场左右,有了自己的专用剧场之后,各地一个剧目的长期公演都达到了 300 场以上。四季剧团每年 3000 多场演出,除两至三个班底的全国巡回演出外,其他剧目都在自己的专用剧场里上演。专用剧场成为四季剧团向日本全国乃至全亚洲拓展戏剧活动的根据地。[①]

3. 演员培训机制

四季剧团排除明星制,不靠明星吸引票房,不刻意宣传某个演员,每

---

[①]　王翔浅.艺术与经营的奇迹——浅利庆太和他的四季剧团[M].北京:中国戏剧出版社,2012:252—254.

个角色安排多名演员备选,剧团理念是,人人都是舞台上的明星,演员要像向日葵一样,向着戏剧舞台的太阳努力伸展,绽放自己。

四季剧团面向社会招聘演员,每年举办一次招生考试,参加招考是进入四季剧团的唯一途径。进入剧团的演员必须严格遵守团内的训练制度,几乎每天都要参加在四季艺术中心举行的训练课。演员的个人水平和素质参差不齐,成就一个演员是一件费时、费力、见效慢的工作。在浅利庆太的导演生涯中,有一半的时间用在演员的培养上。[①] 但正是通过对演员长期严格的训练,才实现了对作品高质量的表达。

在日本,一向有对从艺之道严上加严,借以求得技艺长进的传统。"钻研舞蹈,尚须努力。持之以恒,直至九泉",这一警句至今仍然贴在四季剧团揭示栏的一隅。[②] 与物质产品的生产一样,四季剧团实行严格的质量管理,实现产品的标准化,运用母音法、呼吸法将每一个词汇演绎清晰,每一个音符都不能有一丝偏差。四季剧团这样教育演员:音乐99%是数学,每一个音阶、旋律,都要牢牢地掌握,不能有一丝偏颇;剩余的1%才是艺术创造,而这1%决定了所有的价值。[③] 全团600多名演员,每年淘汰五六十人,招收七八十人,淘汰率在1/10左右,以此让演员与懈怠绝缘。

4. 观众

四季剧团的会员组织"四季之会",是理解并支持四季剧团演出活动的舞台爱好者的群体,是一个让戏剧逐渐在地方扎下根去的宣传教育机构。1966年,日本各地观众本着对四季作品的喜爱而自发成立了"四季之会";1984年,统合后的"四季之会"正式成立。截至2011年1月,会员已达到18万人,会员购票占到总票房收入的30%。会员享有优先购票、会

---

① 王翔浅.艺术与经营的奇迹——浅利庆太和他的四季剧团[M].北京:中国戏剧出版社,2012:89.

② 浅利庆太.浅利庆太随笔集——艺术·人生·社会[M].帅松生,译.北京:中国文联出版社,2002:138.

③ 王翔浅.艺术与经营的奇迹——浅利庆太和他的四季剧团[M].北京:中国戏剧出版社,2012:135.

员价格、会员月刊、免费邮寄演出票等优惠措施,剧团还通过网站、电话、问卷调查等交流平台,为会员安排与演职人员交流、观摩新剧目等活动。

四季剧团非常注重培养观众群体,特别是青少年观众。除专门为儿童创作儿童剧之外,还经常设立专场为儿童举行免费义演,以前瞻性的眼光培育未来市场,注重长期回报。"现在的日本,有许多老人是从小看着四季剧团演的戏长大的,几十年来,他们都成为四季剧团最稳定的观众群体。而他们的子孙,今天又成了四季剧团新一代的观众。如此往复,四季剧团进入了一个良性循环的时代。"[①]

### 三、关键业务,即企业开展的重要业务活动

1. 长期公演、常规性公演并行

经过《猫》《剧院魅影》《狮子王》等几部剧目的长期公演,经过临时帐篷剧场、长期租赁剧场、兴建专用剧场等几个重要阶段,长期公演的演出模式逐步走向成熟。在几个剧场上演长期公演剧目的同时,其他剧场则在上演不断更迭的常规性剧目。[②]

2. 旅途公演培养观众

四季剧团每年都有两部以上的剧目进行旅途公演,一个剧组从演员到服装、舞美布景,在不特定的城市、不特定的剧场演出一两场后,马上到另一个地区或城市的剧场进行演出,短则几个月,长则贯穿全年,足迹遍布日本全国。旅途公演既有由四季剧团作为主办方的自主演出,也有当地的企业或团体"场次买断"式的演出[③],共同将戏剧的感动送到日本城乡各地。

3. 商业和公益并举

四季剧团每年有大量的公益演出,既承担着艺术的社会教育职能,同

---

①　陈立.音乐四季——记日本四季剧团[J].人民音乐,2003(6):50—52.

②　王翔浅.艺术与经营的奇迹——浅利庆太和他的四季剧团[M].北京:中国戏剧出版社,2012:44.

③　同上,第59—60页。

时也在潜移默化中影响观众、培育市场。四季剧团在开展公益活动时并不向政府申请资助，而是由财团法人舞台艺术中心（以下简称四季财团）出资。成立于 1973 年的四季财团，在形式上和剧团分离，内容上却密不可分——四季剧团是株式会社，追求利润和企业效益，而四季财团则靠募集款项来从事公益活动，四季财团和四季剧团拥有共同的理念——"陶冶青少年情操，培养戏剧人才，把戏剧带到全国各地"，四季财团在公益活动中扩大和提升了赞助企业的知名度和社会声誉，而且也为四季剧团带来了潜在的经济和文化利益。[①]

### 四、渠道通路，即向客户传递价值主张的途径，是连接产品与服务的环节

四季剧团纵向一体化型商业模式成功的关键，在于自有渠道的建设，包括剧场和票务销售。

专用剧场为剧团提供了吸引观众的稳定可靠的大本营，例如，截至2009 年，《歌剧魅影》在日本上演 5000 场；到 2010 年底，《猫》在日本的演出达到 7486 场，刷新了百老汇的纪录；到 2014 年，《美女与野兽》在日本的演出达到 5000 场；到 2015 年，《狮子王》在日本连续上演 17 年，总共达到 10000 场。[②]

票务渠道的建设经历了几个重要的时期：早年，全部通过剧团人员人工推票；1983 年，剧团研发电脑售票系统"票务琵雅"，对演出票集中管理，计算机的终端放置于各个联合销售处，同时在团内设置了 24 条电话线路，采用电话预约的方式销售票务，不仅方便了观众，而且大大提高了单位时间的出票率；1992 年，"四季之会"会员专用的自动预约订票系统投入使用，电话线路也扩展到 192 条，并实行 24 小时订票服务；2000 年，四季

---

① 王翔浅.艺术与经营的奇迹——浅利庆太和他的四季剧团[M].北京：中国戏剧出版社，2012：82-83.

② 根据四季剧团官网整理。

剧团启动了在当时开创票务革命的网络订票，在剧团官方网站上公布各剧目的剩余座位信息，十多万名会员在家中就可以选座订票；2004年，四季剧团开始提供手机订票服务；2010年，四季剧团在"夏"剧场率先使用了最新开发的"智慧票务"，观众预订好演出票后，演出票的电子条形码就会发送到观众的手机上，届时在剧场入口处的机器上用手机一刷即过。

目前，四季剧团的观众可以采用六种方法购买演出票：

第一，从四季剧团各专用剧场的售票窗口直接购票；

第二，通过四季剧团的预约中心进行电话预订；

第三，通过四季剧团的官方网站进行网上预订；

第四，通过四季剧团的手机网站进行手机预订；

第五，从票务代理店、铁路售票窗口购买或电话预订；

第六，通过四季剧团营业部购买团体票，营业部主要面向学校和公司等团体进行预订。[①]

以上六种途径除第五种外，其余均为四季剧团自有渠道。

### 五、重要合作，包括供应商、客户等合作关系

四季剧团的发展得到了日本经济界的大力支持，例如在早期阶段，由日本生命保险公司出资，四季剧团负责剧目的制作和演出，双方合作"日生名作剧场"，免费招待六年级小学生观看，借此机会四季剧团创作和积累了多部儿童剧剧目。从1975年起，四季剧团的旅途公演得到了日本自行车振兴会的资助，用于弥补在偏僻地区演出时出现的亏损。

剧目宣传方面，也大力仰仗于企业界的经费资助。四季剧团的资金分配非常清晰，舞台制作及演出费用由四季剧团负担，合作企业的资金用于作品宣传。在《猫》演出初期，日本富士电视台与四季剧团共同主办《猫》剧演出，每天在电视上免费播放10次该剧的演出广告；福冈城市银

---

① 王翔浅.艺术与经营的奇迹——浅利庆太和他的四季剧团[M].北京：中国戏剧出版社，2012：21.

行作为赞助单位之一,出资 3 亿日元,将《猫》引入福冈演出。与四季剧团合作的企业涵盖了航空、铁路、汽车制造、食品、保险、通讯、新闻媒体等各行各业。

在剧场建设方面,四季剧团专用剧场虽然全部由四季设计并专用,但实际上不仅剧场是由经济界大公司出资兴建的,而且土地也多为大公司所有。1983 年兴建的第一座临时帐篷建筑"猫剧场",是日本著名食品企业"味之素"以"协力赞助"身份向《猫》剧投资 3 亿日元,解决了剧场兴建费用。东京四季"春""秋"两大剧场是由东日本旅客铁道株式会社在自己的土地上兴建,京都剧场由西日本旅客铁道株式会社在京都站旁边兴建,福冈城市剧场是福冈城市银行为四季剧团专门兴建的,而电通四季剧场,则是电通公司的地盘。

国际文化交流方面,1999 年四季剧团协助中国上演音乐剧《美女与野兽》,是由索尼公司出资 2 亿日元予以支持;2002 年四季剧团在北京举办歌剧《蝴蝶夫人》演出,也是索尼、丰田等大公司出资 1.2 亿日元予以赞助。

四季剧团举办的公益活动,大多是由四季财团出资,财团聘请与四季剧团有过合作的大企业总裁担任理事,便于募集款项从事公益活动,活动包括:主办"心灵剧场"演出并免费招待全国各地六年级小学生,招待残障人士的公益性演出,偏远地区的戏剧普及与演出,为中学生开设艺术鉴赏课,开办专业讲座,从事戏剧艺术的国际交流,经营长野戏剧资料馆,推广"优美日语活动"等。

### 六、盈利模式,即利润的来源

企业的收入来源,有三种方式,即直接客户付费、直接客户加第三方付费、第三方付费,四季剧团属于第二种,收入包括观众付费的票房收入和第三方付费的赞助收入。

1.收入

(1)票房收入,如表 6-3 所示。

表 6-3　2013—2017 年四季剧团票房收入一览表　　　单位:亿日元

| 年份 | 票房收入 |
| --- | --- |
| 2013 | 186.94 |
| 2014 | 185.34 |
| 2015 | 196.46 |
| 2016 | 201.16 |
| 2017 | 221.46 |

数据来源:根据四季剧团官网整理。

四季剧团通过严格的预算控制,几十年来一直采取低票价策略,例如观看《狮子王》等大型音乐剧,演出票平均售价仅是一个刚刚工作的大学毕业生月工资的 1/20,在同类演出里票价最低,以此支撑长期演出和维持高上座率,追求票房收入总量的提升。

(2)赞助收入:靠长期在地方演出,与企业建立合作关系,使其逐步成为剧团的广告赞助商。

2.成本

成本承担有三种方式:企业自己承担、企业和第三方分担成本、第三方承担,四季剧团属于第二种。

(1)版权费和剧目制作经费:由四季剧团独立支付,以 1995 年演出《美女与野兽》为例,初期投资约 10 亿日元,演出 12 个月以后实现赢利。[1]

(2)剧场建设和租金:建设专用剧场的目的是削减成本,长期公演的作品,比起支付剧场的租金来,修建专用剧场的成本更低,并且四季剧团的专用剧场或是长期租用并改造现有剧场,或是租用土地建设新的剧场,将自身的风险降低到最小限度。电通四季"海"剧场是以四季的专用剧场

---

① 于青.日本四季剧团名利双收[J].南国红豆,2003(5):54—55.

为前提建设施工后,以租赁方式向电通公司支付租金长年使用,并以"电通"和"四季"联合冠名;东京的"春""秋"剧场租用东日本旅客铁道株式会社的土地,由双方出资建设而成;京都剧场由隶属于西日本旅客铁道株式会社的剧场改建而成;大阪的关西四季专用剧场则隶属于阪神电铁公司;佳能"猫"剧场的土地隶属横滨市,四季剧团向横滨市缴纳租金,以佳能提供的投资作为建设费兴建剧场。

(3)人工费用和日常公司运营:其中仅每年投入的演员培训费用达1亿日元。

四季剧团纵向一体化型商业模式的运用,使它能够将演员培养、剧目制作、剧场运营、营销推广、票务销售完全控制在自己手中,确保为观众提供一流的服务。日本服务性产业协会每年在宾馆、娱乐产业等服务性行业举行顾客满意度评选,2010年四季剧团曾被评为冠军,得分超过上年度冠军迪士尼乐园,足以证明四季剧团商业模式运用的成效。

# 第四节  四季剧团的启示

## 一、坚持价值主张

四季剧团表面上给人的感觉是在做着光鲜的事业,在东京、大阪等城市演出《猫》《狮子王》这样的大制作,而四季剧团真正的本质,是让全国各个地方的人,都能从戏剧中获得感动。[①]

浅利庆太在创团之初就提出,我们首先是从事日本戏剧运动的人,是想把日本戏剧的现状推向前进的日本人。我们真心想做的事情是从现实出发,为那些和我们共同生活在一起的人民创作出能够打动人心的作品

---

① 王翔浅.艺术与经营的奇迹——浅利庆太和他的四季剧团[M].北京:中国戏剧出版社,2012:114.

来,借以感染教育现代的观众。① 他笃信:孩提时代看过的音乐剧即便成年以后也不会忘记,他相信,"快乐的戏剧,无论何时何地都会滋润你的心田,她将会为你带来理想和希望"②,因此,他始终坚持以剧场为阵地,为人们带去感动。对于表演艺术工作者来说,不赢得观众便没有未来,而好的作品必定会赢得观众,这是永恒的真理。

## 二、一体化的成效

四季剧团定位于为观众服务的娱乐性组织,在产业配套不成熟,没有演员培养学校的情况下,完全依靠剧团自身力量,建立起教学体系健全和硬件设施完备的演员培养机制。由于日本的高地价导致剧场租金高昂,在长期演出的前提下,自建剧场的成本要大大低于租赁剧场,因此四季剧团走上了专用剧场建设的道路。票务自有渠道的建设,目的也是给观众提供便捷优质的服务。

## 三、文化和经济互动

浅利庆太毕业于被称为日本第一私立名校的庆应大学,其家族经营着日本著名的制药企业,他十分注重维护人际关系,不仅与许多大企业家的关系非同一般,还利用其庆应大学校友的身份结识了一大批庆大出身的经济界精英。一方面,四季剧团在剧场建设、剧目宣传上,得到了企业界的赞助支持。可以说,如果没有企业界的支持,也就没有今天的四季剧团。而另一方面,企业界之所以愿意支持四季剧团,也是想通过四季剧团举办的文化活动提高知名度,扩大影响力,打开市场。③

四季剧团的成功,被誉为"艺术与经营的奇迹",反观国内的音乐剧市

---

① 浅利庆太.浅利庆太随笔集——艺术·人生·社会[M].帅松生,译.北京:中国文联出版社,2002:4.

② 王翔浅.艺术与经营的奇迹——浅利庆太和他的四季剧团[M].北京:中国戏剧出版社,2012:57.

③ 石泽毅.从四季剧团的经营看表演艺术的产业化[J].北京观察,2003(12):58－61.

场,这些年来,既有国外热门剧目的原版引进,有四海一家、七幕人生等公司的汉化版制作,也不断有原创作品问世,但国内音乐剧票房年收入几年来在 1 亿～3 亿元徘徊,如图 6-1 所示。四季剧团一个团的票房年收入就达十几亿人民币,而且日本人口大约只是中国的 1/10。

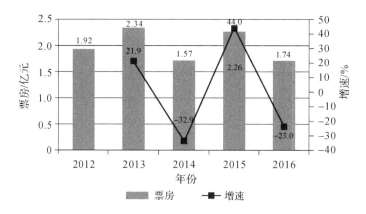

图 6-1　2012—2016 年全国音乐剧票房变化

资料来源:道略演艺产业研究中心。

# 小　结

四季剧团经历了艰难的早期阶段,在建团 30 年后兴建"猫剧场",开启音乐剧本土化和长期驻场演出,步入发展快车道。四季剧团定位于为观众服务的娱乐性组织,实行从演员培养、剧目制作、票务销售到剧场运营纵向一体化的商业模式,成为日本最大演出团体。

# 第七章　产业关联型商业模式：
# 宋城演艺案例研究

宋城演艺从旅游业起步，业绩多次名列中国旅游演出机构及票房排行榜榜首。公司实行的产业关联型商业模式不仅使企业连年高速增长，并且促进了所属宋城集团的整体业绩提高和价值提升。本章首先回顾宋城演艺发展历程，然后在分析企业价值链的基础上，对宋城演艺商业模式的六个构成要素进行分析，并从中得出若干启示。

## 第一节　宋城演艺发展历程

宋城演艺发展股份有限公司(以下简称宋城演艺)主要从事文化演艺和泛娱乐业务。经过多年发展，形成了现场演艺、互联网演艺和旅游休闲三大板块。其中，现场演艺业务主要为"千古情"系列演出和主题公园集群，包括《宋城千古情》《三亚千古情》《丽江千古情》《九寨千古情》等，其收入来源于演出门票收入；互联网演艺主要是"六间房"从事的互联网演艺业务，收入来自于虚拟物品销售；旅游休闲服务业务主要是指宋城演艺旗下子公司杭州宋城旅游发展有限公司(以下简称宋城旅游)承载的管理输出、品牌输出、创意输出的轻资产运营模式以及网络销售平台。

宋城演艺的控股股东为杭州宋城集团控股有限公司(以下简称宋城

集团),集团主营业务为文化演艺、旅游景区、娱乐综艺、主题酒店、休闲地产等,总资产超过 700 亿元。[①]

宋城演艺的前身为成立于 1994 年的杭州世界城宋城置业有限公司,2000 年 12 月整体变更设立杭州宋城旅游发展股份有限公司,登陆创业板,成为"中国旅游演艺第一股",当时简称宋城股份。

以下对宋城演艺的发展历程分为上市前后两个阶段进行概述。

## 一、宋城演艺上市前的运营

### 1.进入主题公园行业

1996 年 5 月 18 日,宋城景区举行开园典礼,成为浙江省第一个主题公园,公园以宋文化为主题,以宋代名画《清明上河图》为蓝本,还原了宋代街市的繁荣景象,为游客提供了独特的历史文化体验。

### 2.休博会和休闲房产

1999 年开园的杭州乐园是宋城集团继宋城景区之后开发的第二个项目,地处杭州市萧山区湘湖,宋城集团当时即在国内率先提出"景观房产"概念,景区内有荷兰村、马可波罗等四个主题公园,还有高尔夫球场、网球场,以及 10 多万平方米的旅游景观房地产,是一个集旅游、观光、休闲、度假、居住于一体的综合性项目。[②]

在杭州乐园项目的基础上,宋城集团创意策划并独家投资数十亿元,建设杭州世界休闲博览园,休博园的规划定位是休闲王国、游乐世界、创意天地、购物天堂和人居乐园。2004 年,杭州乐园闭门改造一年半,变身为休博园。2006 年,杭州市人民政府、杭州市萧山区人民政府和宋城集团共同承办的杭州世界休闲博览会(以下简称休博会)在休博园盛大启幕,被誉为"开启中国休闲元年"。休博会是杭州历史上规模最大、时间最长、影响最大的盛会,确立了杭州"东方休闲之都"的城市定位。休博会的巨

---

① 宋城官网[EB/OL].[2018-05-05].www.songcn.com.
② 路虎.财智双赢:王志纲和黄巧灵的故事[M].广州:广东人民出版社,2001:36.

大影响力及会展产业的关联效应,为宋城集团建设位于休博园内和周边地块上的休闲房产的销售推广创造了极好契机,为宋城集团围绕休闲,从旅游业向房产、酒店、商业、演艺等多元化发展开辟了快车道。

后休博时代的休博园,集聚了杭州乐园、第一世界大酒店、宋城地中海别墅、苏黎世小镇、湖畔公寓、威尼斯水城等景观地产群,以及浙江省文化创意产业实验区,逐步从主题公园发展成为集文化演艺、主题公园、娱乐休闲、酒店人居于一体的大型休闲社区。

宋城演艺作为宋城集团的"旅游＋演艺板块",与集团旗下从事商业地产开发与经营的杭州世界休闲博览园有限公司,从事房地产开发的杭州宋城景观房地产有限公司,从事住宿、餐饮及会议接待的杭州第一世界大酒店有限公司等多家企业构成了以旅游业为基石的相关多元化经营格局。

3.旅游业和演艺业逐步融合

宋城景区从单一景区游览,逐步发展到融游览、观赏演艺节目和其他休闲娱乐于一体的经营模式,经历了三个时期:

初创期:1996—2002 年。

1996 年 5 月,宋城景区开园;1997 年 3 月,《宋城千古情》开始露天免费表演,此时仅作为宋城景区的附属产品出现,商业化运作手段比较简单,尚未进行各业务板块的专业化分工与协作。2002 年宋城大剧院落成启用,推出剧场版《宋城千古情》。

发展期:2003—2005 年。

修建宋城大剧院,推出剧场版《宋城千古情》,仍为免费演出,尚未与宋城景区统一对外推广。

2005 年,宋城集团和宋城演艺共同出资成立宋城艺术团,主营业务为歌舞、戏曲及杂技表演。

融合期:2006 年后。

宋城演艺收购宋城集团持有的宋城艺术团股权后,宋城艺术团成为宋城演艺的全资子公司和核心板块。《宋城千古情》大改版,以门票加演出票的联票形式统一对外销售;自 2013 年 1 月 1 日起,取消原有门票、联票并存的两种售票方式,实行景区入园和观看《宋城千古情》一票制的票价体系。①

## 二、宋城演艺上市后的运营

### 1. 异地复制"主题公园+旅游演艺"模式

上市后,宋城演艺对处在杭州大本营的宋城景区、杭州乐园、烂苹果乐园进行改扩建,打造为三个服务功能不同、面向客户群体不同的主题公园以及三台主题风格迥异的大型原创旅游演艺节目,实现不同年龄段、不同层次客户群体的全方位覆盖。

除杭州项目的改造升级外,宋城演艺快速在全国一线旅游目的地布局,通过结合当地文化旅游资源创作演艺产品,以"主题公园+旅游文化演艺"的经营模式逐步实现品牌连锁经营。异地投资项目见表 7-1。

表 7-1  宋城演艺异地投资项目一览

| 项目地点 | 签约时间 | 项目主要内容 | 投资额 |
|---|---|---|---|
| 泰山宋城文化旅游度假区 | 2011.5.13 | 泰安古城、天平湖湿地公园、天平湖水上乐园三大公园,泰山千古情大剧院,大型歌舞《泰山千古情》 | 3.5 亿元 |
| 武夷山宋城文化旅游度假区 | 2011.5.13 | 武夷古城、武夷宋城水公园两大公园,大型歌舞《武夷千古情》,以及武夷宋城云水间酒店、武夷宋城二月花酒店 | 3.5 亿元 |
| 石林宋城文化旅游度假区 | 2011.7.24 | 石头城、红土城两大主题公园,阿诗玛千古情大剧院,大型歌舞《阿诗玛千古情》,以及石林云水间酒店 | 2.2 亿元 |

---

① 杭州宋城旅游发展股份有限公司首次公开发行股票并在创业板上市招股说明书[DB/OL].[2018-2-26]. http://www.cninfo.com.cn/finalpage/2010-11-26/58707536.PDF? www.cninfo.com.cn.

| 项目地点 | 签约时间 | 项目主要内容 | 投资额 |
|---|---|---|---|
| 三亚宋城文化旅游度假区 | 2011.8.23 | 三亚古城、三亚宋城水公园两大主题公园,三亚千古情大剧院、三亚大剧院两大剧院,《三亚千古情》等数台大型歌舞剧。三亚古城四周有三亚宋城云水间酒店和三亚云品房产等项目 | 4.9亿元 |
| 丽江宋城文化旅游度假区 | 2011.10.17 | 丽江茶马古城,丽江千古情大剧院,大型歌舞《丽江千古情》,以及丽江宋城云水间酒店、丽江宋城二月花酒店 | 3.34亿元 |
| 九寨沟宋城文化旅游度假区 | 2012.9.27 | 九寨藏羌古城,九寨千古情大剧院,大型歌舞《九寨千古情》 | 2.9亿元 |

数据来源:《杭州宋城旅游发展股份有限公司首次公开发行股票并在创业板上市招股说明书》。

这一轮异地复制的结果是,三亚、丽江、九寨项目于 2013—2014 年陆续开业,泰山、武夷山、石林项目则先后终止。

2. 从旅游演艺进军城市演艺

2014 年从杭州宋城旅游发展股份有限公司更名为宋城演艺发展股份有限公司。位于杭州宋城景区旁的中国演艺谷开业,拥有 13 个剧场,以及艺术工作室、电影院、个性商业、特色餐饮、千古情主题酒店等配套设施,意图打造以演艺文化为主题的大型文娱集聚地。

3. 布局线上娱乐

2015 年以 26 亿元收购互联网在线演艺平台"六间房"100% 股权,在继续巩固线下演艺产品的同时,加快线下到线上的转移步伐。

4. 开拓轻资产输出模式

2016 年起,宋城演艺开启新的经营模式,从一线旅游目的地城市自行投资建设,到全国筛选合适的项目,向二三线旅游目的地和城市拓展,与合作方共享宋城品牌与专业优势,开启管理输出、品牌输出、创意输出的轻资产运营模式。2017 年 7 月,第一单轻资产——宋城·宁乡炭河里文化主题公园开业。在宁乡项目的示范效应下,宋城·西樵山岭南千古情景区项目、宋城·明月千古情景区项目、宋城·黄帝千古情景区项目相继签约,公司轻资产订单迅速超过 10 亿元。轻资产业务具有金额大、利润率高、可持续性强、后期营收分成等特点,使其成为公司继现场演艺、互联网演艺之后的又一品牌业务支柱[1],形成自主投资运营和景区托管运营并重的格局。

5.新一轮国内外布局

旅游演艺项目继续国内外布局,一批重点项目陆续落子上海、西安、桂林、张家界、佛山以及澳大利亚黄金海岸等国内外名城。

6.投资建设演艺小镇

2018 年初,宋城演艺联合控股股东宋城集团,投资建设西塘·中国演艺小镇项目,小镇以长三角文化演艺产业新高地、世界艺术小镇新标杆为目标,项目将包括主题公园集群、主题酒店集群、剧院集群、艺术街区、科技体验和休闲商业区等,并结合戏剧节、音乐节等系列活动,旨在加速对现有文化旅游产品的突破和创新。

# 第二节　宋城演艺企业价值链分析

## 一、旅游演艺行业产业结构分析

运用哈佛大学商学院教授迈克尔·波特的"五力分析法",可对旅游演艺行业竞争状态进行分析,如图 7-1 所示:

同业竞争程度:高。我国旅游演艺业经历了以下几个阶段:

萌芽阶段:我国的旅游演艺形式最早出现在 20 世纪 80 年代,主要代表是陕西省歌舞剧院古典艺术剧团于 1982 年 9 月在西安推出的《仿唐乐

---

① 宋城演艺:2017 年年度报告[DB/OL].(2018-03-28)[2018-3-28]. http://stock.jrj.com.cn/share.disc.2018-03-28,300144,0000000000000kh20h.shtml.

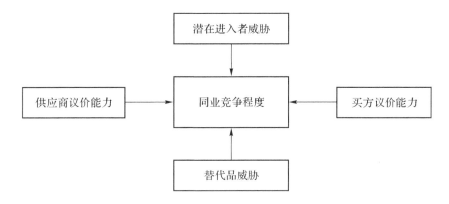

图 7-1　旅游演艺行业竞争状态

舞》,它的出现让到西安参观秦兵马俑的国内外游客不再"白天看庙,晚上睡觉"。

发展阶段:1995 年 7 月华侨城旗下的中国民俗文化村推出《中国百艺晚会》,1995 年 12 月世界之窗推出《欧洲之夜》,1997 年 3 月宋城景区推出《宋城千古情》,随着这些旅游演艺节目的陆续公演,我国旅游文化演艺行业逐渐步入了发展时期。

繁荣阶段:2004 年由著名导演梅帅元总策划制作的大型山水实景演出《印象·刘三姐》在桂林阳朔推出,掀起一场"印象"热潮,此后一段时间内引发了国内大型实景演出以及旅游演艺产业发展的热潮。[①] 近年来旅游演艺竞争日益加剧,占据较大市场份额的企业,除宋城演艺外还有:梅帅元发起设立的山水盛典文化产业有限公司,以张艺谋为招牌的北京观印象艺术发展有限公司,旅游演艺老牌领导者深圳华侨城集团等。在一些旅游资源丰富的地区,存在多台演艺节目竞争。

潜在进入者威胁:中。旅游演艺节目对于景区和周边地块有强烈的带动人气作用,因此除旅游企业外,也吸引着政府、房地产企业等投资进入。

---

① 中投顾问.未来 5 年我国旅游演艺行业发展状况分析[EB/OL]. (2017-07-11)[2018-05-07]. http://www.sohu.com/a/156230283_255580.

替代品威胁:高。电影、电视、互联网娱乐、体育赛事等都对旅游演艺产品构成替代威胁。

供应商议价能力:高/低。从演艺节目和主题公园两部分来看,旅游演艺行业的上游行业主要是各类专业人员或机构提供的服务或劳务,包括节目的创意和导演、节目编排、演员服务等。优秀的创意是节目艺术水准的基本保障,而知名导演的编导则可以显著提升节目的质量和市场号召力,因此议价能力较强。主题公园行业的上游行业主要包括公园的概念创意、园区布局规划、氛围设计和主题节目策划等服务。因上游行业尚未形成规模化产业,不具备标准化和规范化运作的条件,故创意、设计和策划等工作基本是由主题公园的运营企业自主承担,供应商议价力量较弱。

买方议价能力:低。旅游演艺行业的服务对象是游客,包括散客和团队游客。其中,以散客为主要目标客户群体的企业,没有明显的行业下游环节;以团队游客为主要目标客户群的企业,其下游行业为旅行社业,旅行社的收入来自于门票扣点,和旅游演艺企业是利益共同体,因此不具有强烈的议价动力。

## 二、宋城演艺企业价值链分析

宋城演艺的业务包括现场演艺、互联网演艺和旅游休闲三个板块,其中核心产品现场演艺,由主题公园、旅游演艺两条业务价值链组成。

主题公园业务价值链:由景区公园规划设计、开发经营、文化活动策划等环节组成;

旅游演艺业务价值链:由演员培养、创作、制作、营销、表演、剧场运营等环节组成,具体包括:公司自主创作、制作演艺节目,旗下宋城艺术团进行表演,子公司杭州宋城旅游发展有限公司负责营销推广和票务销售,公司自建和经营剧场。

当把两条业务价值链结合起来的时候,就是宋城演艺现场演艺板块的企业价值链。以波特的价值链理论分析,主题公园价值链和旅游演艺价值链在人力资源、技术开发、采购、内部物流、生产经营等方面有明显不同,但在企业基础设施、市场销售、服务、外部物流等环节存在共同的价值活动。

价值链分析不仅用于宋城演艺内部,还可以用于解释它和控股股东宋城集团之间的关联。宋城演艺作为宋城集团的文旅板块,与集团的主题酒店、休闲地产板块存在密切关联,构成了以文旅产业为基石的相关多元化经营格局。宋城演艺实施的是基于演艺产业网状价值链的产业关联型商业模式。

# 第三节　宋城演艺商业模式分析

演艺企业的产业关联型商业模式指以演艺内容为核心,通过企业各板块的联动效应保持竞争优势的经营模式。

宋城演艺商业模式的设计是基于产业价值链的整合。首先,是产业价值链的垂直整合,包括:在每个景区自建剧场,建立从剧团到剧场的前向一体化;2012年启动独木桥旅游电子商务平台,进行宋城产品的网上推广营销,实现从旅游和演艺产品到电子商务销售平台的前向一体化,强化自营销售渠道建设;此外,旅游文化演艺行业的上游行业包括各类专业人员或机构提供的服务或劳务,宋城演艺向旅游和演艺专业教育培训业延伸,如2011年后相继成立浙江旅游职业学院宋城学院、浙江商业职业技术学院宋城学院、杭州师范大学附属宋城舞蹈学院,与浙江传媒学院继续教育学院联合创办全国首个新媒体主播方向主持与播音专业等,实现了从剧团到演职人员培养的后向一体化,为公司提供充足的人才储备。

其次,是产业价值链的混合整合。混合整合的基础是业务之间的关联,包括营销渠道等有形关联,品牌、知识产权等无形关联。宋城演艺的产业关联,从整个集团层次来看,是以旅游业带动房产、酒店业的横向关联;从宋城演艺公司内部来看,有旅游业的主题公园子行业和旅游演艺子行业之间的关联,也有重资产运营和轻资产输出的品牌关联,以及现场演艺和互联网演艺用户相互导流的关联;关联所创造的协同效应使得企业成本降低,利润率提高,形成整合品牌和多元化的价值增值渠道,获取明显竞争优势。

以下从商业模式六要素的角度,对宋城演艺商业模式逐一分析。

## 一、价值主张

以满足消费者休闲需求为核心价值。

## 二、核心优势

### 1. 经营模式优势

宋城演艺以创意为起点,以演艺为核心,以主题公园为载体,在经营模式上明显区别于传统的演艺企业、旅游企业。宋城演艺的经营模式在一定程度上改变了一般演艺企业没有自有载体、演出成本高、引流成本高、观众更换频率低的现状,克服了传统旅游企业核心竞争力不明显、可复制性不强、赢利能力相对较弱、边际效应不高、服务差异化程度较低的缺点,提高了公司的盈利能力。

### 2. 创作和设计优势

公司拥有独立完整的规划设计和创作演出团队,具有丰富的创作和设计经验。在对主题公园的规划和设计以及演艺产品编创过程中,善于充分挖掘当地文化资源进行创新;在产品运营期间,专业团队能够根据行业和市场的变化,不断对主题公园及演艺产品进行持续改造。创作和设计优势是公司保持差异化经营和进行持续创新的重要保障。

### 3. 品牌优势

公司在现场演艺板块拥有"宋城""千古情"品牌,在互联网演艺板块拥有数字娱乐平台"六间房"品牌。

### 4. 平台优势

线下方面，随着异地项目的持续扩张，公司已初步建成覆盖全国一线旅游休闲目的地的旅游演艺平台，平台年客流量超过3300万人次；线上方面，"六间房"作为以互联网在线演艺为核心的多元化数字娱乐平台，月活跃用户数已超过5600万。平台优势有助于公司打造覆盖线上和线下的泛娱乐生态系统。

### 5. 专业性优势

公司深耕演艺行业多年，对行业发展规律和特点有较强的把握能力，在项目选址、投资把控、演艺创意、创作设计、舞台呈现、服装道具、景区运营、观演体验、日常管理等各个环节上体现出高度的专业性，获得远高于行业平均水平的回报。

### 6. 现场体验优势

互联网和移动终端改变了很多传统产业的经营模式，不少既有行业受到较大的冲击和挑战，但是在满足人们更高层次的精神文化需求方面，始终无法取代通过现场体验参与所获得的充盈和慰藉。在技术不断革新的时代背景下，公司作为文化演艺企业所具备的突出的现场体验优势正日益彰显。

### 7. 营销优势

在互联网化、互联网移动化和新媒体崛起的背景下，公司通过线下线上联动开展创意营销，制造话题效应，推动媒体自发传播，实现产品和服务在消费者中的低成本广覆盖，为市场拓展和收入增长提供了强有力的保证。

### 8. 产业链优势

公司主业覆盖旅游休闲、现场娱乐、互联网娱乐等，多行业融合程度较高，具有相对较强的抗风险能力。①

---

① 宋城演艺：2017年年度报告[DB/OL].（2018-03-28）[2018-3-28]. http://stock.jrj.com. cn/share,disc,2018-03-28,300144,0000000000000kh20h.shtml.

此外,公司所属文化、旅游两大行业均为国家战略性支柱产业,中央与地方政府相继出台多项利好政策,公司发展享受到旅游业、演艺业、文化产业、现代服务业等多个行业政策支持。

## 三、关键业务

### 1. 现场演艺

在整条价值链上,最有可能产生链主的环节主要有三个:一是源头的价值创造环节,如研发、设计,下游是由其延伸出来的;二是末端的价值实现环节,与最终用户打交道甚至锁定了最终用户;三是中间的部分垄断环节,拥有独一无二的资源能力,很难被替代。[①]宋城演艺在现场演艺业务价值链上,实行从源头的培养演员、创作,到中游的制作、营销、演出,以及末端的剧场运营等纵向一体化策略。

### 2. 互联网演艺

在娱乐直播领域,"六间房"已经成为行业内产品线最全、业务模式最完整、盈利能力最强的娱乐直播平台之一,自2015年被收购以来,成为宋城业务重要的一极,使宋城演艺达到了线上线下娱乐业务均衡发展的目标。2017年互联网演艺营业收入金额12.40亿元,占营业收入比重41.01%,毛利率51.12%。

"六间房"秉承内容打造和社区运营并重的发展战略,内容主要依赖于主播创造,对于头部主播,给予流量与资金上的扶持,帮助其提升内容质量,拓展内容形态,同时积极实施多元化策略,引入和扶持更多类型的主播,从而丰富平台的表演形态,满足不同层面的用户需求。

新业务方面,安菟女团继续泛娱乐偶像IP产业布局,以主导性大事件和精品化内容为主线,构筑内容、市场、运营和技术四重壁垒,将安菟女团打造成国内头部的虚拟偶像IP。

---

① 戴天宇.商业模式的全新设计[M].北京:北京大学出版社,2016:157.

3. 旅游休闲

（1）轻资产运营

轻资产运营是宋城演艺商业模式的升级，从向游客卖产品和服务，到向政府、企业、景区等旅游项目投资方卖品牌、卖管理、卖创意。自 2016 年起，宋城演艺以"技术＋管理输出"的方式，参与投资建设宋城宁乡炭河里文化主题公园等项目，打造剧院和剧目，丰富景区项目，提供景区管理，宋城演艺因此获得数亿元建设服务费，以及今后每年包含剧院票房、景区门票在内的景区运营收入的提成。这一合作开创了景区建设方支付建设服务费，宋城演艺方建设剧院和排演千古情，并参与景区业绩分成的全新合作模式，为宋城演艺把这一模式拓展到全国开创了先河。[①]

经过 20 多年发展，宋城演艺在景区管理方面已经积累了丰富的经验，通过管理经验的输出，走轻资产运营之路将成为重要的盈利方向，从项目中获取服务费用以及后续的运营收入抽成为宋城演艺带来可观的收入。轻资产业务在给公司提供利润的同时，也有助于公司强化演艺事业网络，增加线下流量入口，进一步巩固并提升公司的行业地位和品牌知名度。

（2）网络销售平台

宋城旅游 2.0 版本订票系统全面上线，在保持 OTA（旅游电子商务）平台业绩高速增长的同时，自营渠道业绩迅速提升，占比大幅提高。

## 四、渠道通路

公司现场演艺业务的渠道建设，早期立足线下，针对团队游客，与旅行社合作，形成利益共享、共同成长的高速稳定发展的营销模式；针对散客，利用消费场所、社区、商务终端等渠道进行营销，并通过各种大型文化

---

① 段征. 100 个企业 IP 之道——宋城演艺［EB/OL］.（2017-04-22）［2018-05-07］. https://mp.weixin. qq. com/s? biz＝MzAxMjk3Nzc0NQ＝＝&mid＝2247484825&idx＝1&sn＝b6d594a0746a2886d24efcf3ea6ab979&chksm＝9ba8d6a7acdf5fb1f1a880344af5ee6c30e7c0d47b6328baec04fbccb6cf0b6f9f18db16495d&mpshare＝1&scene＝23&srcid＝0422PBAgjxan71b1bklp4Bm6♯rd.

创意主题活动和电视媒体,进一步扩大营销覆盖面。

随着"互联网+"的兴起,电商和散客成为旅游发展的必然趋势,宋城演艺提出"渠道散客化,散客电商化",在宋城旅游自营渠道、大型旅游电商平台同时发力,致力创建O2O闭环模式,即在线上引流,导入线下体验,以用户为核心,一站式解决相互关联的一系列消费需求,提升用户体验,深度绑定用户。

## 五、重要合作

在现场演艺板块,旅行社曾是宋城股份最重要的销售合作伙伴,随着轻资产业务的兴起,项目委托方成为向宋城演艺贡献利润的大客户,如宁乡县炭河古城文化旅游投资建设开发有限公司2017年销售额1.25亿元,占当年宋城演艺销售总额的4.13%,是2017年销售额最大的客户,同年前5大销售客户的其余几家是旅行社和旅行俱乐部。

此外,政府也是宋城演艺的重要合作者,在资金扶持、土地优惠等方面给予巨大支持。

## 六、盈利模式

2017年公司实现营业收入30.24亿元,同比去年增长14.36%;利润总额12.97亿元,同比去年增长11.86%。当年营业收入和营业成本构成见表7-2。

表7-2　宋城演艺2017年营业收入和营业成本一览表

| 业务板块 | 营业收入金额 | 占营业收入比重 | 营业成本金额 | 占营业成本比重 | 毛利率 |
|---|---|---|---|---|---|
| 现场演艺 | 15.00亿元 | 49.61% | 3.93亿元 | 35.31% | 73.80% |
| 互联网演艺 | 12.40亿元 | 41.01% | 6.06亿元 | 54.45% | 51.13% |
| 旅游服务业 | 2.84亿元 | 9.38% | 1.14亿元 | 10.24% | 59.86% |
| 合计 | 30.24亿元 | 100% | 11.13亿元 | 100% | 63.19% |

数据来源:根据宋城演艺《2017年年度报告》整理。

由于旅游演艺节目能够带来较高收入，而其中所包含的创意、文化内涵等价值并不以主营业务成本的形式在财务报表中体现，营业成本主要包括固定资产折旧、演职员工工资及日常物料消耗等，因此，与传统制造型、商贸型企业相比，企业的成本较低，毛利率较高。①

# 第四节　宋城演艺的启示

宋城演艺的高速发展，与其充分发挥演艺产业价值链关联效应强的优势，采用产业关联型商业模式有着密切的关系。其商业模式的关键，在于协调集团、公司、部门等各个层次相关业务单元之间的关系，实行建立在营销渠道等有形关联，品牌、知识产权等无形关联上的横向战略，获取竞争优势。

对宋城集团而言，内部有文化演艺、旅游景区、娱乐综艺、主题酒店、休闲地产等多个业务单元，通过旅游项目开拓市场，吸引客户，获取旅游收入和利润；凭借旅游业和文化产业的优惠政策低价获取土地及其他资源，继而通过旅游和会展带动周边地价，开发景观房产，以及打造酒店、商铺等配套设施，为集团获得多重回报，是宋城集团早期的商业模式设计。之后，在主题公园和房地产业先后受到政策限制，文化产业成为政府大力发展的支柱产业时，宋城集团准确把握政策动向，主打演艺作为公司的核心产品，使宋城演艺"公园＋演艺"的主营业务日渐清晰。

在旅游演艺项目中，绝大多数为实景演出，而宋城演艺的"千古情"系列为"主题公园＋室内演艺"，不但演出效果受天气影响较小，而且演艺和公园的互动性也增加了对游客的吸引力。除了打造主题公园和特色演

---

① 杭州宋城旅游发展股份有限公司首次公开发行股票并在创业板上市招股说明书[DB/OL].[2018-2-26]. http://www.cninfo.com.cn/finalpage/2010-11-26/58707536.PDF? www.cninfo.com.cn.

出,宋城演艺还在景区周边进行商业休闲、酒店等配套建设,促进人气集聚,挖掘购买能力,实现吃、喝、住、行、游、娱、购一站式服务,延长景区消费链。

在科技进步和文化消费大发展的浪潮下,以影视、网络游戏、在线视频为代表的线上娱乐异军突起,为人们的文化娱乐消费提供了更多选择,宋城演艺以旅游演艺为主的现场娱乐不断面临来自线上娱乐的冲击,而通过对"六间房"的收购,使现场演艺和互联网演艺两个千万量级用户平台相互结合,在资本和业务层面发挥强大的市场潜力和协同性,为内容、艺人、IP的流转提供广阔的空间,形成共同发展态势,打造覆盖线上和线下的泛娱乐生态系统。

宋城演艺在自主投资运营中,卖的是产品、服务、文化;在轻资产运营中,卖的是管理、品牌、创意,而它们正是自主投资运营过程中所积累起来的能力和资源,轻资产运营又使得这种能力和资源得到了放大回报。

通过对宋城演艺商业模式的案例研究,可以发现,企业早期从"旅游＋地产"起步,之后走向"文化＋"模式,从文旅融合到旅游电商的O2O闭环、线下和线上用户相互导流、重资产和轻资产的品牌和管理共享,逐步建构起泛娱乐生态圈,其商业模式的核心,是对演艺产业价值链的链式效应和关联效应做充分的发挥,通过产业和业务关联为企业获取更大价值。

# 小　结

本章首先对宋城演艺的发展历程从上市前后两个阶段进行概述,在对旅游演艺行业产业结构分析的基础上,对宋城演艺企业价值链进行了分析,在宋城演艺的现场演艺、互联网演艺和旅游休闲三个业务板块之间,以及宋城演艺和宋城集团之间都存在业务关联;然后分别从商业模式六要素进行逐一分析,总结宋城演艺商业模式的关键在于协调集团、公司、部门等各个层次相关业务单元之间的关系,实行建立在关联上的横向战略,获取竞争优势。

# 第三篇　启示和建议

# 第八章 演艺企业商业模式的
# 多重面向和创新空间

商业模式研究的目的,是在纷繁芜杂的商业生态世界里,在企业与企业的互利共生中,寻找一种内生的、自我的企业生长和发育机制,让企业发展回归到自身生态进化规律的轨道上来。[①] 本章从文化和经济的角度,提出中国演艺企业商业模式的多重面向,并对演艺产业的创新和发展空间进行思考。

## 第一节 演艺企业商业模式的多重面向和优化

商业模式是为企业获取和保持竞争优势的系统设计。企业是一个复杂的具有多重信息反馈的非线性系统,相对应的,企业商业模式的设计和优化,都涉及企业内部与外部诸多因素的交互作用。商业模式设计的第一步,首先是商业生态调研,在此基础上进行需求定位,然后根据企业自身条件进行价值链设计,之后才是商业模式设计,即确定价值主张——明确核心优势——定义关键业务——规划渠道通路——确立重要合作——制定盈利模式,并进行设计方案检验。

---

① 戴天宇.商业模式的全新设计[M].北京:北京大学出版社,2016:15.

商业模式的设计,实质上是构建价值创新、价值维护和价值实现的过程。这个过程,既具有系统性,也具有动态性。系统性指商业模式是构成要素之间的一个架构,企业需要系统地考虑商业模式构成要素之间的关系:首先,提出价值主张,进行价值创新;其次,围绕价值主张,企业通过确立核心优势和关键业务,建立渠道通路和重要合作,对所创造的价值进行维护;最后,通过盈利模式设计实现价值,在整个过程中必须充分认识这一架构的复杂性;动态性则指企业的内外部环境都处于动态变化之中,必须各要素相互配合,逐步改进商业模式,以适应变迁的商业环境,做出创新性的反应①,企业才能获得和保持竞争优势。企业的商业模式创新过程就是按照一定的规律发生动态演化的过程。

演艺产品同时具有文化价值和经济价值,它所具备的文化价值,能在潜移默化中提高公众文化素养和社会文明水平。因此,演艺企业商业模式的起点——价值主张,终点——盈利模式,都不同于一般生产普通商品的企业。正如前文所述,文化和经济的关系,存在四种模式:将文化视为公共产品的福利模式,对文化和其他经济产品一视同仁的竞争模式,将文化视为经济发展驱动力的增长模式,以及强调文化创意价值的创新模式。在此观点的基础上,笔者认为,演艺企业商业模式的设计,可以有三个面向的侧重。

## 一、侧重福利的社会企业面向

国内所称的演艺产业,在国外一般被分为表演艺术和娱乐产业两部分,前者如交响乐、芭蕾和歌剧等,后者如音乐剧、流行歌曲等,它们的运营方式很不相同,从事表演艺术的主体一般为非营利组织,从事娱乐产业的则往往为营利性组织。营利性组织要依法经营、照章纳税,一般不得接受捐赠与赞助,经营目的是追求股东利益最大化;非营利组织可以接受捐

---

① 魏江,刘洋,应瑛.商业模式内涵与研究框架建构[J].科研管理.2012(5):107—114.

赠和赞助,享受规定的税收优惠政策,经营盈余不能用于分配。表演艺术行业非营利组织存在的目的,在于普及艺术,提高公民文化素养及培育未来市场,在缓解市场失灵的同时,也在一定程度上弥补政府能力的不足。

美国有 15286 个表演艺术组织,基本分为舞台剧、舞蹈和音乐三大类。其中音乐类(含歌剧)团体为数最多,有 4635 个,占演艺业总量的30.3%;舞台剧和舞蹈类团体分别有 2809 个和 515 个,分别占演艺业总量的 18.4% 和 3.4%;其余的 47.9% 则归为"其他演艺、娱乐组织和戏剧创作类",包括流行音乐、演艺管理或经纪组织等。以营利和非营利性质来分,美国 52.7% 的剧团、70.5% 的舞蹈团和 87% 的古典乐团及歌剧院属非营利运作,营利性单位则大多数集中在流行音乐和其他娱乐领域,分别占到各自行业的 86% 和 91%。美国没有类似文化部的政府组织,但是政府一方面重视对公共文化艺术事业的投入,另一方面更重要的是为公共文化艺术事业的建设和发展制定一系列行之有效的扶持、筹资模式和运作机制。[1] 例如美国最大的非营利文化组织林肯表演艺术中心的经费主要来自个人、基金会和企业家的赞助,从联邦、州、市政府得到的资助只占整个预算的 5%,更多的是依赖赞助者的捐赠来维持日常运行和其他支出。[2]

在法国,早在 1959 年文化部设立时,即制订了旨在让更多人接触文化的法规。20 世纪 60 年代,法国建立了 15 个文化之家,平均分布各地,皆具备跨领域及多功能的用途,包含表演艺术、研讨会、展览及教育推广等,建造和运作经费由中央和地方政府分担,核心人物皆由专业人士或艺术家担任,因此能够独立作业并确保艺术水准。20 世纪 80 年代时,政府文化预算提高至政府总预算的 1%,在表演艺术法规中明确规定,提供赞助的企业可以免缴部分税费。

我国台湾地区的表演艺术组织,除了公立表演艺术组织,例如中正文

---

[1]　中共中央宣传部干部局.透视美国文化产业[M].广州:广东人民出版社,2008:29—30.

[2]　方世忠.世界演艺行业:国际对标和中国案例[M].上海:上海文化出版社,2010:27.

化中心所经营的戏剧院、音乐厅等公立展演单位,以及各种公立表演艺术团体,如交响乐团、台北市立乐团、宜兰县兰阳戏剧团等以外,其余民间产业部门主要分成三种形态:第一种是自然人形态,例如个人技术工作者或演员等;第二种是法人形态,包括财团法人与社团法人,其中财团法人以公益为目的,如云门文教基金会、纸风车文教基金会等,而社团法人又分为营利与非营利两种;第三种为非法人团体的社会团体,例如兰阳舞蹈团、果陀剧场等,绝大多数的表演艺术团体均为第三种组织定位。①

台北市政府在 2004 年通过《台北市演艺团体辅导规则》,凡依该规则申请立案的演艺团体为非营利组织,可以享有免缴所得税、娱乐税的税赋优惠;对于企业的赞助可以开立捐赠收据,让捐赠者取得减税凭证;团队的支出项目有一定的限制,如有盈余不得分配,且须依规定公布预算书,年度决算并接受审核。如果演艺团队决定以商业手法操作营利,可以申请设立公司,依公司相关办法经营、课税。②

非营利组织亦称为第三部门,与政府(第一部门)和企业(第二部门),形成三种影响社会的主要力量,非营利组织在西方社会发展的逻辑在于:第一,"小政府、大社会",社会上存在巨大的自治公共空间;第二,基督教精神养育下的公民奉献和服务于社会的价值观;第三,政府采取对捐赠资金免税等鼓励政策。而处于"大政府、小社会"治下的中国,非营利组织发展先天不足、发育迟缓。

近二三十年来,在政府、企业、非营利组织之外,兴起了一种被称为社会企业(social enterprise)的新的组织形式,据维基百科释义:"社会企业与一般其他私有企业不同的是,它不只是为了股东或者企业的拥有者谋取最大的利润而运作。社会企业的目的是解决社会问题,而不是纯粹为了盈利。"换言之,社会企业是用商业手段来解决社会问题的组织,与非营利性的公益组织相比,两者均以社会使命为先,但社会企业可以通过自身

---

① 2002 年表演艺术生态报告[M].台北:中正文化中心,2003:75.
② 表演艺术产业生态系统初探[M].台北:台湾"文化建设委员会",2005:95.

的运营实现财务上的可持续性。社会企业是一种集社会目标、环境目标和财务目标为一体的商业模式。①

企业的产品要想有市场,一定要从消费者的需求出发,才能适销对路,而公益组织往往是免费提供给受助者,至于这个产品是否真正满足了服务对象的需求,也无法通过价格和财务收入来检验,②社会企业则采用收费模式,遵循解决社会问题有效性与可持续性的规则,用商业的手段做公益,③进行市场运营是为了获得更丰厚的财力去实践使命、持续发展。

本书研究的案例对象爱丁堡前沿剧展策展团队,就是以实现"启蒙观众、刺激创作、净化生态"的价值主张为使命,希望从观众、创作者、市场等各方面促进戏剧生态的优化,其实行的就是社会企业面向的商业模式。

## 二、侧重竞争的体验经济面向

"剧场的绝对魅力,在于它的现场性。它的浪漫在于,它是生命短暂与无常的缩影。"这是戏剧导演赖声川写在他的专属剧场"上剧场"外墙上的一段话。

演艺产业是体验经济的典型代表,它提供的是令每个消费者内心产生共鸣的丰富感受和综合体验,这种体验单独地属于每个个体,只在观演的当下发生。体验可以分为四种——娱乐性、教育性、逃避性和审美性体验。娱乐性体验指以愉悦的方式吸引人们的注意力;教育性体验是人类主动参与的体验活动,这类体验被广泛应用于教育领域,意在真正向人们提供信息,提高其知识或技能水平,并积极作用于人们的思想或身体;逃避性体验是一种参与者完全沉浸在自己作为主动参与者,或现实或虚拟的世界里的体验活动;在审美性体验中,宾客沉浸在事物或活动中,建立个人和浸入式现实之间的联系。如果说人们参与娱乐性体验是追求愉悦

---

①　徐永光.公益向右 商业向左:社会企业与社会影响力投资[M].北京:中信出版社,2017:65.

②　同上,第9页。

③　同上,第7页。

感受,参与教育性体验是想学习,参与逃避性体验是企图远离和投入,那参与审美性体验就可以说是想体会身临其境之感了。①　而表演艺术能带给人愉悦,也能寓教于乐,还能帮助人逃离现实,更能帮助人体会艺术的真实,这是表演艺术独到的、突出的价值,也是它与其他行业竞争强有力的资本。

因此,在体验经济时代,企业应当有这样的意识,即它们必须制造回忆(而非产品),为实现更高的经济价值(而非提供服务)搭建舞台,创造用户体验,以此为核心设计商业模式。顾客想要的是体验,愿意付费感受精彩体验,只有那些能够真正吸引顾客的企业才能在这个新的经济时代取得成功。②　本书研究对象日本四季剧团以"让顾客感动"作为企业价值主张,"感动"就是顾客的体验,这是企业在激烈的市场竞争中,以消费者需求为导向的另一种商业模式面向。

### 三、侧重增长和创新的文化新经济面向

文化新经济是以文化元素为内在驱动,以拉动文化消费为主要手段,以产业转型升级为最终目的的经济发展战略。文化新经济主要体现在:

新业态:以文化元素为核心,通过产业融合形成新型业态;

新消费:以文化消费为导向,通过场景式体验催生增量市场;

新增长:以产业升级为手段,通过拉动经济来实现区域发展。

演艺产业生产的是满足人们精神需求的产品,它以创意和内容为核心资源,可通过不同的载体进行延展,触发链式效应,在产业链上衍生出更多的附加值;它所具有的关联效应,使得演艺产业对旅游、交通、商业、房产等产业具有很强的带动性。因此,从文化新经济的角度出发,重点不是"文化形态"和"文化内容",而是要提炼"文化要素""文化精髓"运用在

---

①　B.约瑟夫·派恩,詹姆斯·H.吉尔摩.体验经济[M].毕崇毅,译.北京:机械工业出版社,2017:38—42.

②　同上,第121页。

产业上①,创造高附加值,进而带动区域经济整体发展。

例如迪士尼模式,通过创意形成 IP,开发电影、电视、游戏、演艺节目等多种产品,通过全球销售树立品牌,在这个基础上做旅游项目,带动周边经济,从而再进一步增强迪士尼 IP 的影响力,形成良性循环。这种通过创意形成知识产权,并转化成形象或品牌,在更广泛的消费领域创造更大的价值,实质就是文化新经济面向的商业模式。本书的研究对象宋城演艺发展股份有限公司,早期以演艺带动主题公园、酒店、房产等,近期的输出品牌和管理的轻资产模式,都已初显文化新经济的面向。

企业现有商业模式的优化,就是对价值主张、核心优势、关键业务、渠道通路、重要合作及盈利模式的重构,是在实践中根据企业现有商业模式存在的问题有针对性的调整,可以是单一方式,也可以是多种方式并行。例如,爱丁堡前沿剧展策展团队从自己主办剧展到为客户策展的商业模式优化中,价值主张和核心优势不变,但关键业务、渠道通路、重要合作以及盈利模式都发生了变化;宋城演艺的关键业务中仍然保留了自主投资运营"主题公园+旅游演艺",但同时增加了品牌输出模式,即重资产和轻资产运营并举。总之,无论是局部调整的商业模式重构,还是从头开始的商业模式全新设计,都应当具有经济学上的进步意义,具体可以从四个方面衡量:挖掘新的需求、创造新的价值、减少交易成本、提升自身商业位势。只有做到其中的任何一项或多项,才能从实质上改善企业经营绩效,推动社会经济发展。②

## 第二节　余论:演艺产业的创新和发展空间

演艺产业创新和发展的空间,可以通过政策创新、科技为文化赋能,

---

① 张毅.非遗大 IP 之下特色小镇怎么谱新篇?[EB/OL].(2018-06-07)[2018-06-07].http://www.cien.com.cn·0607/22128.shtml.
② 戴天宇.商业模式的全新设计[M].北京:北京大学出版社,2016:172.

以 IP 推动产业跨界协同、促进文化价值和产业价值相互赋能等多维度展开。

## 一、政策创新

政府角色的重新定位，可体现在：第一，从微观管理走向立法和监管的宏观管理，简政放权，对政府行政权力进行规范，从对文化的集中管理、全面支配，转变到分权管理，在制定政策、实时监督、提供服务三个方面建立有效的管理机制，鼓励全社会的文化传承、文化创造、文化传播。

"一臂之距"管理原则（Arm's Length Principle）是英国人发明的一套文化管理方法，即英国中央政府只管制定文化政策和财政拨款，不直接管辖文化艺术团体和事业机构，将具体管理事务交由各专家组成的公共文化机构，对艺术团体进行评估和拨款。政府对公共文化机构在政策上加以协调，体现政府对文化艺术的管理目标和支持重点，但通过"一臂之距"原则，建立政府与艺术机构之间的双向保护层，有效避免政治倾向对文化艺术生产的不良影响，从制度设计上保证文化艺术的相对独立性，尊重艺术创作自由。

艺术依赖于充分的个性表达，而来自政府的严苛审查，则会消融个性和多样性，造成艺术内容和表达方式的贫乏。审查制度造成的后果，是弱化艺术承担的社会责任，钝化社会批评内在力度。政府应该重新审视现行的艺术审查机制，保护艺术自由、创作独立，鼓励积极的、朝气蓬勃的、来自同行业和广大公众的艺术批评，这种批评恰恰体现了公民社会的本质。[①]

第二，政府应鼓励投资主体多元化，减少国有文艺院团的数量，改变院团作为行政附属物的现象；去除所有制歧视，逐渐改变公共投入导向，在公共文化服务采购、市场竞争、文化建设上对国有院团、民营院团一视

---

① 参见谢大京.为什么国家一直加大投资，文艺团体还持续亏损？[EB/OL]. [2018-02-05]. http://m.3gv.ifeng.com/lady/vnzq/news? ch=rj_mr&ou=p%3D3&m=1&aid=124912433.

同仁,提高政府文化投入的效率,对于创作环节采取申请制,鼓励成立公益性的文化基金,不分所有制,所有院团和个人均可以申请;对于演出环节的补贴制,从补贴观众向补贴剧场转变,因为补贴观众是将财政收入转移支付给进剧场看戏的观众,对于未看戏的观众是不公平的。[①]

第三,政府鼓励发展非营利组织,出台捐赠免税等有利于吸收社会资助的配套政策,鼓励企业、个人反哺和支持文化事业。

## 二、科技为文化赋能

演艺产业的产品形态是一场一场的演出,像是一针一线缝制的手工艺品,而在工业和后工业时代,在更加综合的艺术形式如电影,更加便捷的观看途径如通过网络,因大规模复制而带来巨大影响力和低廉成本的书籍、动漫游戏等冲击下,表演艺术日益成为小众的,需要投入更多时间和经济成本的奢侈消费。

以现场演出为特征的演艺产业,在互联网和人工智能的时代,因为现场性而弥足珍贵。现场性的特点:第一,营造了一种场景,使观众、演员在其中共同经历一段时光;第二,现场看戏行为可以带动剧场周边的消费,演艺的社交属性、泛娱乐属性在扩展,但这也对剧目内容提出了更高的要求,只有真正精彩的内容才有强的拉动力。

科技和文化是人类社会发展最重要的原动力。科技需要文化的指引,文化要借助科技的手段。科技给演艺产业突破手工艺生产方式和现场传播方式提供了很多可能性。演艺产品在创作上如何借助于互联网的开放平台? 互联网的用户思维对于创作者会构成什么影响? 怎样基于互联网建立新型的创作生态? 演艺产品的流通、传播如何在线上和线下同时进行? 科技赋能文化,驱动文化做得更好,为演艺产业带来巨大的创新可能。

---

① 傅谨.探路文艺院团体制改革[M].广州:新世纪出版社,2014:256.

### 三、以 IP 推动产业跨界协同

IP(Intellectual Property)的本质是知识产权,它的形式多种多样,既可以是一个完整的故事,也可以是一个概念、一个形象、一件艺术品,适合二次或多次改编开发,用在多个领域。IP 是跨平台的,它可以以漫画、小说、电影、玩具、游戏等不同的形态存在,并随意切换,通过对热门 IP 的多元开发和推广,可以促进文化产业多门类地发展。

IP 概念的普及,推动了不同内容领域的跨界,使产业跨界协同成为行业共识,为不同的产业打开了更大的空间。企业通过 IP 内容的培养与孵化,乃至运营导流,形成引起粉丝共鸣的文娱方式,进而创造更大的衍生商业价值,并倒逼内容创作,形成演出衍生品的开发、演出版权机制的建立、演艺渠道的打通等产业的良性循环,不断完善演出产业链,[①]使演出市场由剧目内容的单一销售逐步向演艺品牌的综合打造和跨界合作转化。

### 四、促进文化价值和产业价值相互赋能

文化产业的核心是文化产品的生产活动,即内容是基础,文化价值是核心,经济价值依附于文化价值而存在。

文化产业不仅要追求产业价值,而且要做出更多更好的优秀作品,满足用户的需求。优秀的作品不仅仅是流量,而且是具有文化内涵,具有可以经得起时间检验,更有生命力的文化价值。商业可以让文化变得更加繁荣,而文化也可以让商业变得更加美好。[②]

---

① 北京演出行业协会. 2017 年北京市演出市场统计与分析[EB/OL]. [2018-06-05]. http://www.bjycxh.com/news/251.html.

② 程武. 新文创时代的数字文化构建[EB/OL]. (2018-04-22)[2018-06-05]. http://games.qq.com/a/20180422/010655.htm.

# 小　结

基于文化和经济的关系,本章提出了演艺企业商业模式的三种面向,即侧重福利的社会企业面向,侧重竞争的体验经济面向,侧重增长和创新的文化新经济面向,最后从政策、科技、IP、产业价值等多维度讨论了演艺产业的创新和发展空间。

文化产业之所以成为国民经济重要支柱产业,可以从这三重意义上来解读:首先,文化产业生产的是满足人们精神需要的产品;其次,文化产业以创意为主要资源,较少消耗自然资源,属于对环境友善的新经济形态;其三,它能带动传统产业实现协同发展。

文化产业以创意为核心,创意产生是价值链的起点,也是价值链的高端部分。创意产生是文化价值的创造过程,价值延伸是经济价值的放大过程。文化产业的发展要充分利用"一个创意,多种使用",同一创意可以多种演绎运用于多种产品,也就是以 IP 为中心,促进多领域的共生和联动;文化产业的创意或者说文化内容可以通过价值延伸,往产业链上下游发展,带来规模经济和范围经济效应,实现价值最大化。价值延伸既发生在文化产业集群内部,如某个创意在表演艺术、图书、影视、音乐、游戏等多种产品形态上的演绎,也发生在文化产业对传统产业的延伸、拉动,例如演艺产业和旅游、地产、商业、金融等产业的深度融合,这就是文化价值和产业价值的相互赋能。

因此,包括演艺企业在内的文化企业商业模式设计,应建立在内容和版权基础上,借助品牌和资本的力量,充分发挥演艺产业价值链的关联效应和协同效应,实现产业内部上下游延伸或者跨产业拓展,为企业和社会创造更大的文化价值、经济价值。

# 参考文献

## 一、专著

［1］迈克尔·波特.竞争战略［M］.陈小悦,译.北京:华夏出版社,2005.

［2］伊查克·爱迪思.企业生命周期［M］.赵睿,译.北京:中国社会科学出版社,1997.

［3］彼得·德鲁克.德鲁克管理思想精要［M］.李维安,王世权,刘金岩,译.北京:机械工业出版社,2011.

［4］加里·哈梅尔,C.K.普拉哈拉德.竞争大未来［M］.王振西,译.北京:昆仑出版社,1998.

［5］加里·哈默尔.领导企业变革［M］.曲昭光,赖溟溟,译.北京:人民邮电出版社,2002.

［6］格里·约翰逊,凯万·斯科尔斯.公司战略教程［M］.金占明,贾秀梅,译.北京:华夏出版社,1998.

［7］张鸣.价值链管理理论研究与实证分析［M］.大连:东北财经大学出版社,2007.

［8］芮明杰,李想.网络状产业链构造与运行:基于模块化分工和知识创新的研究［M］.上海:格致出版社,2009.

［9］芮明杰,刘明宇,伍江波.论产业链整合［M］.上海:复旦大学出版

社,2006.

[10]芮明杰.产业经济学[M].2版.上海:上海财经大学出版社,2012.

[11]杨公朴,夏大慰.现代产业经济学[M].上海:上海财经大学出版社,2002.

[12]魏炜,朱武祥.发现商业模式[M].北京:机械工业出版社,2009.

[13]魏炜,朱武祥.重构商业模式[M].北京:机械工业出版社,2010.

[14]魏炜,朱武祥,林桂平.商业模式的经济解释:深度解构商业模式密码[M].北京:机械工业出版社,2012.

[15]林伟贤.最佳商业模式[M].北京:北京联合出版社,2011.

[16]刘旗辉.最佳商业模式[M].北京:清华大学出版社,2008.

[17]夏云风.商业模式创新与战略转型[M].北京:新华出版社,2011.

[18]陈少峰,张立波.文化产业商业模式[M].北京:北京大学出版社,2011.

[19]陈少峰.文化产业战略与商业模式[M].长沙:湖南文艺出版社,2006.

[20]陈少峰.文化产业读本[M].北京:金城出版社,2009.

[21]彭志强.商业模式的力量[M].北京:机械工业出版社,2010.

[22]沈志勇.重新定义中国商业模式[M].北京:电子工业出版社,2011.

[23]沈志勇.重新定义中国商业模式(案例卷)[M].北京:电子工业出版社,2011.

[24]郑石明.商业模式变革[M].广州:广东经济出版社,2006.

[25]汤姆·兰伯特.关键管理问题——各种商业模式的睿智精要[M].史晓峰,张云薇,译.北京:经济管理出版社,2004

[26]彼得·芬加.没有对手的竞争——21世纪的商业模式与企业竞

争策略[M].曾鹰,译.北京:群言出版社,2008.

[27]孔翰宁,张维迎,奥赫贝.2010 商业模式——企业竞争优势的创新驱动力[M].北京:机械工业出版社,2008.

[28]亚历山大·奥斯特伍德,伊夫·皮尼厄.商业模式新生代[M].王帅,毛心宇,严威,译.北京:机械工业出版社,2011.

[29]吴伯凡,阳光,等.这,才叫商业模式——21 世纪创新竞争[M].北京:商务印书馆,2011.

[30]李振勇.商道逻辑——成功商业模式设计指南[M].北京:中国水利水电出版社,2009.

[31]喻国明,张小争.传媒竞争力——产业价值链案例与模式[M].北京:华夏出版社,2005.

[32]李岚.电视产业价值链理论与个案[M].北京:社会科学文献出版社,2006.

[33]俞剑红.中国电影企业运营模式研究[M].北京:中国电影出版社,2009.

[34]郭锴.电视传媒企业商业模式创新——基于价值链视角的研究[M].沈阳:辽宁大学出版社,2010.

[35]张鸿,张利,杨洵,等.产业价值链整合视角下电信商业运营模式创新[M].北京:科学出版社,2010.

[36]大卫·赫斯蒙德夫.文化产业[M].张菲娜,译.北京:中国人民大学出版社,2007.

[37]理查德·E.凯夫斯.创意产业经济学——艺术的商业之道[M].北京:新华出版社,2004.

[38]戴维·思罗斯比.经济学与文化[M].王志标,张峥嵘,译.北京:中国人民大学出版社,2011.

[39]吉姆·麦圭根.重新思考文化政策[M].何道宽,译.北京:中国人民大学出版社,2010.

[40]詹姆斯·海尔布伦,查尔斯·M.格雷.艺术文化经济学[M].詹正茂,译.北京:中国人民大学出版社,2007.

[41]艾伦·J.斯科特.城市文化经济学[M].董树宝,张宁,译.北京:中国人民大学出版社,2010.

[42]范周.中国文化产业新思考[M].北京:光明日报出版社,2010.

[43]花建.产业界面上的文化之舞[M].上海:上海人民出版社,2001.

[44]何群.文化生产及产品分析[M].北京:高等教育出版社,2006.

[45]魏鹏举.文化创意产业导论[M].北京:中国人民大学出版社,2010.

[46]向勇.创意领导力——创意经理人胜任力研究[M].北京:北京大学出版社,2011.

[47]向勇.文化产业人力资源开发[M].长沙:湖南文艺出版社,2006.

[48]克里斯·比尔顿.创意与管理——从创意产业到创意管理[M].向勇,译.北京:新世界出版社,2010.

[49]乔丽.阵痛与重生:国有文艺院团体制改革研究[M].长春:吉林出版集团,2016.

[50]伊丽莎白·裘芮.安迪沃荷经济学——纽约夜店引爆的亿万创意生产线[M].李佳纯,译.台北:原点出版,2008.

[51]文化部文化产业司.国家文化产业课题研究报告(2009年度)[M].昆明:云南大学出版社,2010.

[52]叶朗.中国文化产业年度发展报告(2012)[M].北京:北京大学出版社,2012.

[53]于平,傅才武.中国文化创新报告(2011)[M].北京:社会科学文献出版社,2011.

[54]表演艺术产业生态系统初探[M].台北:台湾"文化建设委员

会",2005.

[55]表演艺术产业调查研究[M].台北:台湾"文化建设委员会",2007.

[56]何康国.艺穗节与艺术节——全球化的表演艺术经营[M].台北:小雅音乐有限公司,2011.

[57]邹侑如.表演艺术:启动创意新商业[M].台北:典藏艺术家庭股份有限公司,2004.

[58]第八届马乐侯文化管理研讨会表演艺术政策、管理与经营[C].台北:台湾"文化建设委员会",2009.

[59]中国文化报.中国演出业创新与发展研究[M].北京:中国文联出版社,2007.

[60]张冬梅.艺术产业化的历程反思与理论诠释[M].北京:中国社会科学出版社,2008.

[61]慕羽.音乐剧艺术与产业[M].上海:上海音乐出版社,2012.

[62]方世忠.新视界:国际演艺业文化运营研究报告[M].上海:上海文化出版社,2005.

[63]何真.时空战略——"时空之旅"带给中国文化产业的启示[M].上海:世纪出版集团,2009.

[64]董观志,张颖.旅游+地产:华侨城的商业模式[M].广州:中山大学出版社,2008.

[65]浅利庆太.浅利庆太随笔集——艺术·人生·社会[M].帅松生,译.北京:中国文联出版社,2002.

[66]王翔浅.艺术与经营的奇迹——浅利庆太和他的四季剧团[M].北京:中国戏剧出版社,2012.

[67]路虎.财智双赢:王志纲和黄巧灵的故事[M].广州:广东人民出版社,2001.

[68]黄巧灵.休闲时代——人类的伊甸园[M].北京:中国建筑工业出版社,2001.

[69]黄巧灵,等.幸存者:一个人 一个企业和一个城市的故事[M].北京:中国旅游出版社,2006.

[70]黄巧灵.中国休闲元年——2006 杭州世界休闲博览会全记录[M].中国美术学院出版社,2011.

[71]弗雷德里克·马特尔.论美国的文化——在本土与全球之间双向运行的文化体制[M].周莽,译.北京:商务印书馆,2013.

[72]傅谨.老戏的前世今生[M].北京:人民文学出版社,2007.

[73]傅谨.京剧学前沿[M].北京:文化艺术出版社,2007.

[74]高天亮.基于价值网理论的商业模式研究[M].广州:世界图书出版公司.2011.

[75]赵抗卫.主题公园的创意和产业链[M].上海:华东师范大学出版社,2010.

[76]孙美堂.文化价值论[M].昆明:云南人民出版社,2005.

[77]戴天宇.商业模式的全新设计[M].北京:北京大学出版社,2016.

[78]龚焱,郝亚洲.价值革命:重构商业模式的方法论[M].北京:机械工业出版社,2016.

[79]徐永光.公益向右 商业向左:社会企业与社会影响力投资[M].北京:中信出版社,2017.

[80]康斯坦丁诺斯·C·马凯斯.攻略:商业模式创新路线图[M].姜艳丽,译.北京:东方出版社,2010.

[81]W.钱·金,勒妮·莫博涅.蓝海战略[M].吉宓,译.北京:商务印书馆,2005.

[82]B.约瑟夫·派恩,詹姆斯·H.吉尔摩.体验经济[M].毕崇毅,译.北京:机械工业出版社,2017.

[83]佟雪娜.数字音乐的产业价值链研究[M].北京:清华大学出版社,2012.

［84］钱跃，徐娅群.激流勇进·上海话剧艺术中心改革发展纪实［M］.上海：上海交通大学出版社，2017.

［85］俞璟璐.破冰之旅——上海大剧院巡礼［M］.上海：上海交通大学出版社，2014.

［86］Bilton C，Cummings S. Creative Strategy：Reconnecting Business and Innovation［M］.New Jersey：John Wiley and Sons，2010.

## 二、学位论文

［1］曾涛.企业商业模式研究［D］.成都：西南财经大学，2006.

［2］刘贵富.产业链基本理论研究［D］.长春：吉林大学，2006.

［3］杜义飞.基于价值创造与分配的产业价值链研究［D］.成都：电子科技大学，2005.

［4］丁金辉.奢华产业企业商业模式与竞争优势研究［D］.天津：南开大学，2009.

［5］陈添财.以创新商业模式观点探讨休闲农业竞争策略——以美浓庄为例［D］.屏东：台湾屏东科技大学，2007.

［6］贾丰奇.台湾地区文化创意产业商业模式研究［D］.上海：上海师范大学，2008.

［7］张佳华.台湾表演艺术团体周边商品行销研究［D］.台北：台湾师范大学，2008.

［8］余琪.国内大型主题性旅游演艺产品开发初探［D］.上海：华东师范大学，2009.

［9］李幼常.国内旅游演艺研究［D］.成都：四川师范大学，2007.

［10］张艳.桂林文化旅游开发对相关文化产业发展的影响［D］.桂林：广西师范大学，2008.

［11］邢亚楠.我国旅游演出商业模式研究与思考［D］.北京：中国音乐学院，2010.

[12]汤蓓华.国内旅游演艺的发展环境分析[D].上海:上海师范大学,2011.

[13]黄河清.美国百老汇运作模式及其启示[D].长沙:中南大学,2011.

[14]孔令娴.上海演艺产业投资分析及实践[D].上海:上海师范大学,2008.

[15]王聪.试论实景演出在演艺文化产业中的显效——张艺谋"印象系列"剖析[D].昆明:云南大学,2010.

[16]杨凯.中国舞蹈文化产业的市场化运作与发展创新[D].济南:山东师范大学,2009.

[17]王巍.中日韩三国文化产业竞争力研究[D].南京:南京农业大学,2008.

[18]郑文文.创意产业价值链价值传递机理研究[D].上海:东华大学,2009.

[19]姜宁宁.基于价值链角度的创意产业发展研究——以上海为例[D].上海:华东师范大学,2008.

[20]蒲元瀛.中国电影商业模式分析及实证研究[D].重庆:重庆大学,2004.

[21]陈叶萍.基于价值链的国内旅游演艺企业核心竞争力研究[D].上海:上海师范大学,2010.

[22]陈胜鹏.基于价值视角的商业模式设计与应用研究[D].汕头:汕头大学,2010.

[23]陈婷.基于纵向一体化战略转型的商业模式研究[D].北京:北京交通大学,2011.

[24]罗怡欣.现代剧团创作系统与空间群聚之研究[D].台北:台北大学,2002.

[25]张佳华.台湾表演艺术团体周边商品行销研究[D].台北:台湾师

范大学,2008.

[26]纪云涛.基于"三链一力"的产业选择和升级研究[D].上海:复旦大学,2006.

[27]邵昶.产业链形成机制研究[D].长沙:中南大学,2005.

[28]王嘉宁.我国数字音乐产业链研究[D].北京:北京印刷学院,2008.

[29]张文宣.全球价值链理论及其实践应用[D].西安:西北大学,2008.

[30]缪飞.产业融合视角下企业商业模式创新驱动机制及实践研究[D].桂林:广西师范大学,2011.

### 三、期刊文章

[1]保罗·诺恩斯,提姆·布林,等.重塑商业模式专题[J].哈佛商业评论,2011(1).

[2]戴万稳,岳林凯.后危机时代的商业模式创新——《哈佛商业评论》2011年第1期"重塑商业模式"专题综述[J].管理学家(学术版),2011(3).

[3]麦克·波特,马克·克瑞默.波特:创造共享价值[J].哈佛商业评论,2011(1).

[4]王鑫鑫.王宗军.国外商业模式创新研究综述[J].外国经济与管理,2009(12).

[5]李杰.国外商业模式研究的最新发展综论[J].国外经济管理,2011(1).

[6]项国鹏,周鹏杰.商业模式创新:国外文献综述及分析框架构建[J].商业研究,2011(4).

[7]刁玉柱.商业模式创新:理论视角与研究观点评介[J].首都经济贸易大学学报,2010(4).

[8]安筱鹏.融合·整合·联合——信息产业的商业模式创新与竞争格局演变[J].北大商业评论,2011(1).

[9]张敬伟,等.如何创新你的商业模式专题[J].北大商业评论,2010(9).

[10]高闯,关鑫.企业商业模式创新的实现方式与演进机理———一种基于价值链创新的理论解释[J].中国工业经济,2006(11).

[11]曾楚宏,朱仁宏,李孔岳.基于价值链理论的商业模式分类及其演化规律[J].财经科学,2008(6).

[12]邹春燕.国内外产业链理论研究概述[J].长江论坛,2011(3).

[13]陈亚民,吕天品.文化产业的商业属性及商业模式[J].商业研究,2010(3).

[14]彭健.文化演出产业的商业模式创新[J].现代传播,2009(5).

[15]郭新茹,顾江.基于价值链视角的文化产业赢利模式探析[J].现代经济探讨,2009(10).

[16]顾江.全球价值链视角下文化产业升级的路径选择[J].艺术评论,2009(9).

[17]顾江.郭新茹.文化产业价值链及其引申[J].改革,2009(6).

[18]邢华.文化创意产业价值链整合及其发展路径探析[J].经济管理,2009(2).

[19]朱凤涛,李仕明,杜义飞.关于价值链、产业链和供应链的研究辨识[J].管理学家学术版,2008(4).

[20]王晓辉.关于商业模式基本概念的辨析[J].中国管理信息化,2006(11).

[21]郭锴.企业价值链与商业模式创新的路径关系——基于电视传媒企业的分析[J].经济管理,2010(7).

[22]张敬伟,王迎军.商业模式与战略关系辨析——兼论商业模式研究的意义[J].外国经济与管理,2011(4).

［23］陈少峰，张立波.文化产业的全产业链商业模式何以可能［J］.北京联合大学学报（人文社会科学版），2011，9(4).

［24］原磊.国外商业模式理论研究评介［J］.外国经济与管理，2007(10).

［25］盖文启，蒋振威.基于不同模式产业链的价值增值理论探析［J］.经济管理，2009(12).

［26］金福安，王敬.基于绿色运营体系的演艺产业链构成及其整合研究［J］.郑州航空工业管理学院学报，2012(10).

［27］熊澄宇，傅琰.关于当前我国文化产业分类标准的研究［J］.社会科学战线，2012(1).

［28］潘成云.解读产业价值链——兼析我国新兴产业价值链基本特征［J］.当代财经，2001(9).

［29］温肇东，陈明辉.创新价值链：政府创新政策的新思维——以台湾创新政策为例［J］.管理评论，2007(8).

［30］马峰.浅析文化产业链打造与管理的形式及问题［J］.新疆艺术学院学报，2012，10(1).

［31］刘旭东.文化产业发展中产业链设计若干问题分析［J］.科技创新与生产力，2012(2).

［32］魏鹏举.反思文化创意产业冲动［J］.人民论坛，2007(07B).

［33］江国庆.试论宋城景区演出的经营模式［J］.浙江艺术职业学院学报，2006，4(4).

［34］陈溪.如何运用价值链分析进行成本控制［J］.时代金融，2006(5).

［35］肖骁.创意产业价值链研究［J］.中国集体经济，2008(3).

［36］朱欣悦，李士梅，张倩.文化产业价值链的构成和拓展［J］.经济纵横，2013(7).

［37］Osterwalder A，Pigneur Y，Tucci C L. Clarifying Business

Models:Origins，Present and Future of the Concept[J]. Communications of the Association for Information Systems,2005(16) .

[38]Hadida A L，Morris C E. Channel 4 and the British Television Industry 1982—2008[R]. Cambridge Judge Business School，2008.

# 附录　剧评

# 《安德鲁与多莉尼》:惜时惜缘惜爱

时间:2012 年 10 月 10 日
地点:上海大剧院
剧团:西班牙库伦卡剧团

有的戏,看的是剧本;有的戏,看的是明星;有的戏,看的是笑点;而有的戏,看的是在自己心田的折射。

西班牙库伦卡剧团的作品《安德鲁与多莉尼》,引入到中国后打动了无数观众的心,这个成立于 2010 年的小剧团创排的首部作品,迄今已在全球 20 多个国家上演 200 多场。3 位演员,饰演 13 位角色,戴着面具,默默不发一言,却让观众席上演着"前一秒是欢笑,后一秒是泪水"。

大提琴和打字声相互干扰,带出老年夫妇安德鲁和多莉尼生活中无处不在的矛盾,即使儿子的探望也能引发他们相互较劲的醋意,被岁月冲刷的感情如同老年人的皮肤一样松弛、懈怠,相互的小抱怨、小别扭,不过就是家常便饭。但日子并没有继续不咸不淡地随风流逝,戏剧的拐点出现了——阿兹海默症控制了多莉尼的生命轨迹,她丧失了所有的常识和记忆。

疾病的降临,重创了惯性运行的生活,也令尘封的往事重现,让走远的爱情回来。音乐和灯光的魔手塑造了舞台上的时空倒流——无名作家安德鲁爱慕美女大提琴手多莉尼,多莉尼也被安德鲁的才华所吸引,相互仰慕的人步入婚姻殿堂,宝宝出生,渐渐长大,时间黑洞里隐藏着爱的人生。

安德鲁从回忆中唤回了爱,失忆的多莉尼仍活在爱带来的安全感里,但回忆依旧挡不住时光流逝,多莉尼的生命走向尽头,不久安德鲁也听到

了天国的召唤,而他们的孙子即将诞生,生命的循环周而复始……

　　剧目的名字源自于真实的人生故事,萨特的学生——法国哲学家安德鲁在84岁那年与患病多年的妻子多莉尼共赴死亡之约,只为不想独自面对失去她以后的人生。他的最后一部作品——写给妻子多莉尼的情书《致D情史》出版后风靡欧洲,被库伦卡剧团创始人加宾相中,拿来做了创团作品的脚本。在后期的创作中,剧情离这个真实故事越来越远,几乎只保留了剧目名字,但是对爱和人生的思考,因为离开了具体人物和事件的束缚,反而具有了更大的内在张力,具备了引起更多共鸣的基础。

　　在故事之外,面具、表演和音乐联手构筑起了这部不分男女老少贫富贵贱,令所有人动容的作品。3位戏剧专业科班出身的年轻演员,不可思议地轮流扮演了剧中的13个角色,从安德鲁、多莉尼的青年和老年阶段,儿子,保姆,医生,快递员,等等,无台词,甚至无表情,多个角色,怎么让观众看懂? 在与观众的交流会上,演员道出了秘密所在:观察生活中的人物,把握每个角色的特点,使得肢体动作的设计,因放大而易理解,因夸张而添幽默;在表演时将动作分解并强化,清楚地呈现给观众。每个角色所戴的硅胶面具,夸张到尺寸是正常人脸的两倍,面具表情虽固定不变,但在肢体动作的带动下,也好似活了起来!

　　从接受美学的角度说,一部艺术作品是由创作者和接受者共同完成的,作为(生)产消(费)合一的剧场作品,一度创作和二度创作者通过剧情、表演、舞美等手段,将作品传递的内涵送达观众心里,而观众结合自身生活体验和思想认识,对剧目给予心理上的响应,从而使作品得以完成闭环,每个人看到的戏,都是和自己的心理感受发生化学反应的结果。

　　人到中年,站在似水流年的中间地带,面对舞台上无情结束的人生画卷,对衰老的恐惧、对青春流逝的悲切,怎能不唏嘘,我以为,这是一部属于我们中年人的戏。果然,60后朋友在响应我的号召——夫妻共同观看后,默默记下了他们的观后感:"爱可以平淡,却不能忘却。沉默也许是金,遗忘却是真痛。"

没想到，80后的年轻朋友也有他们的唏嘘感怀，一位朋友联想到了她的家庭，从小生活中充斥父母亲的争执拌嘴，但母亲患病后，父母亲默契配合，对在外谋生的她封锁消息，母亲做化疗掉了大半头发，父亲剃了光头相陪。她写下了自己的感想："每个人的一生都是从播种到凋零的过程，其中最珍贵的莫过于悲欢离合的情感体验。"

一部好的作品，离开了舞台之后，依然会长驻观众心里。一位70后朋友，看戏后不久，在生活中遭遇了几乎相同的剧情，70多岁的母亲和多莉尼一样，失忆日趋严重，丢东西、发脾气，做出种种匪夷所思的行为，但朋友说似乎这部戏为她做了铺垫，疾病的到来让她回忆起母亲曾给予她的种种以及过往生活中的美好，人生态度由此豁达。

不用再提面具表演的难度，不用再提原创音乐的动人，不用再提剧情难掩的幽默，也不用再提闪回手段的高明。忘了表演，忘了舞美，甚至忘了剧情，忘不掉的，是在自己心里留下的触动！2012年冬夜，我第一次看这部戏，并初遇汤唯，她在我递过去的本子上，写下了"惜时惜缘惜爱"……

每个人的人生都是倒计时，没有人能阻止生命沙漏的流逝，但在日复一日中，我们的情感是否日渐粗糙，我们对身边的人是否日益淡漠？走进剧场，听一听无声《安德鲁与多莉尼》诉说的轻言细语，也许你会重拾你的爱！

# 投向新编越剧《二泉映月》的问号

时间:2014 年 6 月 25 日

地点:国家大剧院

剧团:浙江小百花越剧团

家乡的剧、家乡的团,名角、新戏,我几乎是准备好了点赞,满怀期待走进剧场。

大幕一开,几乎一水纯白,无锡三万昌茶馆里,两侧白墙,中间几张茶桌凳,背后布景宛若吴冠中水墨画里的江南,东方意境、雅致气息扑面而来,我在心里已点了第一个赞。

茶馆里,天佑嫉妒师父特别传艺于阿炳,要与阿炳比琴艺高低,年轻道士阿炳信奉"上善若水",初始并不与之争,天佑不甘琴艺输给阿炳,恼怒中说出阿炳是师父华清和的私生子。

第二幕便是在阿炳从小长大的道观雷尊殿,华清和在阿炳"我到底是不是私生子"的逼问下,终于道出 20 年前阿炳母亲因不容于道观投河自尽的往事。第三幕,被打击的阿炳出走道观,自甘沉沦纵情声色。此时我忍不住悄悄看了一下时间,整整一小时过去了,阿炳怎么还没瞎,接下来的剧情如何演绎?足足 65 分钟后,突然电闪雷鸣,沉溺花柳巷的报应现前,阿炳瞎了!

据记载,阿炳瞎的那一年是 1927 年,其时他 34 岁,兵荒马乱的年代,卖艺乞讨为生,悲苦的岁月如何挨过,剧中除了催弟相濡以沫陪伴外,几乎毫无着墨。第四幕直接进入 1937 年,阿炳瞎后的第 10 年,还是在三万昌茶馆,天佑因李老板之死慨然决定赴南京当兵保家卫国,阿炳在茶馆里说新闻评时事,硬气且帅气,但其创作《二泉映月》时穷困潦倒的生活底色却依稀莫辨。距开场已 100 分钟，我开始替编剧着急，阿炳的琴艺从娘胎里带来，但他悲怆动人的音乐从何而来，如何展现他的生活及心路，这才是此剧最该费笔墨处啊，总不能将阿炳的音乐来源仅仅解读为"阿炳寻母记"的自我救赎吧？若真如此，则戏份太轻矣。

第五幕，出走 30 年后，阿炳回到一直"避其伤痛，绕道而行"的雷尊殿，在幻象中与儿时的自己相逢，接过父亲的曲谱遗物，在"山之侧、泉之旁、云上月、水中央"与母亲从未离去的爱接通，"心灵得到解脱，灵魂得以重塑"，引号内的词是剧团宣传册所言，于我，只是被如仙如幻的舞台布景亮瞎了眼，脑电波已完全跳戏。

回过神来，不仅困惑于演员和角色的问题，我没见过阿炳，但见过衣衫褴褛的乞讨艺人啊！以舞台上这位阿炳身上的仙气、英气、贵气，怎生得出悲戚、凄凉、怆然的《二泉映月》？果真茅威涛演绎的不是悲苦一生的民间卖艺人阿炳，而是帅气艺术家"茅阿炳"？

从内容和形式来说，以虚和简营造意境的舞美，与戏剧冲突高度响应的灯光，以及服装、动作设计等，相当完美，塑造形式美的功力完全不输白先勇先生倾力打造的昆曲青春版《牡丹亭》和《玉簪记》，堪称一出靓丽的青春版越剧，可是一戏一格，《梁祝》可以全力渲染美，因为那本是想象的神话，而确有其人的《二泉映月》中，阿炳得知私生子身世后舞台上紫色光营造的浪漫神秘，当最后一幕中鼓风机吹出阿炳衣袂飘然玉树临风，身世的苦、时代的痛，是否在美的形式下被稀释，以致局部消解？

听音乐《二泉映月》，我听得到皓月当空下创作者对悲凉人生的感怀，灰调，似又有一抹亮色；看越剧《二泉映月》，我看到了音乐滋生的情境，但难以感受到音乐背后的灵魂，也难以深刻地触摸到音乐背后的人和时代。精彩文本的缺位，使得加在它身上的表演、舞美，像是套在病体上的金缕衣，华美但远不如健康的体魄更能打动人。毕竟，在形式上的美化，要比铸造内在力量，容易得多。

说得更远一点，在文化以产业为导向的当下，戏剧、影视产品的生产

者在票房的动力或压力下，倾向于向观众提供好看和有趣的内容，娱乐固然无罪，但观众长期吃下文化快餐的结果是情感体验简单化，感受越来越肤浅，思想越来越浅表；而同时，创作者缺乏思想深度、演员缺乏感受力，与观众共同构成了日益庸俗化的生态圈，长此以往，我们离好的、有力量的作品越来越远。

在我心目中，茅威涛、郭小男带领下的浙江小百花越剧团，是一个相当有理想有追求的团体，既有保护和传承越剧的使命感，又有在新时代开枝散叶结新果的自觉诉求。400年前，莎士比亚说，"自有戏剧以来，它的目的始终是反映人生，显示善恶的本来面目，给它的时代看它自己演变发展的模型"。如果说，老的戏曲作品因题材老化不断地失去观众，那么，新编作品如果不在内容的思想与意义的挖掘与表达上，与当下的人发生共鸣，那么，拿什么来走向戏曲"传承与变革的新里程"呢？

# 成长　飘零　幻灭

——与牧神共度的午后

时间:2015 年 6 月 14 日

地点:北京蓬蒿剧场

剧团:法国非常创意剧团

只有 25 分钟。

只有一名演员。

几只塑料袋、七台风扇、剪刀、胶带、一面投影屏幕,所有布景在此。

2015 年 6 月 8—14 日,几乎是我消化不良的一周。10 日,北京世纪剧院,林兆华戏剧邀请展重磅剧目——德国柏林邵宾纳剧院话剧《信任》;11 日,国家大剧院,由彼得·布鲁克创建的巴黎北方剧团带来莫里哀作品《贵人迷》,作为国家大剧院国际戏剧季开幕演出华丽登场;13 日,天津大剧院,德国柏林邵宾纳剧院演绎莎士比亚作品《哈姆雷特》,名团、名著、名导,哪一个不是声名赫赫?

于我,若看了好戏,回家路上,清风朗月也好,雾霾深锁也罢,那心都像被洗过,或被激活似的能量满满;倘若戏不好,心就会一直一直往下掉,郁闷、四肢乏力,只能靠吃夜宵来求安慰。连着几天,看了这三部戏,吃了三顿夜宵。

不是烂戏,可是不够好。《信任》,运用舞蹈和戏剧结合的手法表现金融危机题材,据说人的反复倒下即象征金融体系崩塌,是一部表现观念的当代艺术作品,但我只能说表达得很牵强、很空洞;《贵人迷》,莎士比亚的剧本可以成为全球共同的资源,比他晚生几十年的莫里哀当然也可以是,可是对于一部要"重现路易十四时期光芒",冗长拖沓,加入大量芭蕾和未经翻译的唱段嘲讽当时资产阶级向往贵族梦的法国喜剧，我感到好笑，但没有共鸣；而《哈姆雷特》，无论是此次邵宾纳剧院出品还是2010年德国塔利亚剧院带来的同名剧目，德国独有的戏剧构作制度——对经典文本进行解构与再创作，在经典中挖掘和再造与当下的联结，所诞生的戏剧作品，的确可以用创新、实验这些大词来形容，可是看着舞台上的暴力、污秽，不必要的互动与跳戏，我不得不反复安慰自己"世界戏剧已经走得很远了"。

三部大戏让我心口堵得慌，即使观演后延展阅读评论种种，也未能缓解。幸好，6月14日下午的《牧神午后》，像一道闪电，像一泓清泉，瞬间拯救了我。

它如此轻盈，又如此沉重；如此浪漫，又如此忧伤；如此简练，又如此深邃。

在德彪西《牧神午后前奏曲》的音乐中，黑衣男子缓慢、专注地剪、贴出人形塑料袋，它们开始在风中起舞，一个——初生、成长雀跃；两个——嬉戏与甜蜜；越来越多——打拼、争执、喧嚣，有的扶摇直上藐视同侪，有的渐渐衰弱淘汰出局；巅峰有时，低谷有时；欢悦有时，沉寂有时；是成长记，也是飘零记。黑衣男子旁观，忽而喝令停止，忽而持伞戏要，最后，用曾经创造生命的剪刀，结束了它们的起舞人生，碎片飘落，由动而静，从起到落，由有到无，从生至灭……

极简，极抽象，又极丰富，极深刻。

只有25分钟。只有一人、塑料袋、风扇。

但，没这么简单。

萦绕在全剧的音乐，是大名鼎鼎的德彪西1894年创作的管弦乐作品《牧神午后前奏曲》，长笛吹出的主题空灵、孤独，制造出迷离不定的气氛，一个半现实半梦幻的世界，音乐中宛若有波光粼粼的湖泊，有牧神的恍惚与叹息，这首被誉为印象派音乐开山之作的乐曲，孕育自德彪西的好友、象征主义诗人马拉美在1876年所作的田园诗《牧神午后》，描写牧神在朦

胧中回忆与仙女邂逅的情景，在温暖的阳光下似醒非醒，犹疑于美梦是真是假，而音乐神奇地再现了相似的意境，令人浮想联翩。

半人半兽的牧神潘恩，在古希腊神话中是创造力、音乐、诗歌与性爱的象征，和俄狄浦斯、奥德赛等古希腊神话人物一样，作为永恒的母题，两千多年来在诗歌、音乐、舞蹈、戏剧、绘画等艺术作品中被反复演绎。德彪西从诗人那里获得启发，舞蹈家又被音乐触发灵感，1912 年，被誉为"舞蹈之神"的尼金斯基首次担任编舞，将《牧神午后》独幕舞剧搬上舞台，人物造型源自于古希腊陶瓶和浮雕，但运用了全新的肢体语言和编舞手法，被认为预示了 20 世纪中叶现代芭蕾时代的到来。

100 年后，法兰西艺术与文学骑士勋章获得者菲亚·梅娜德应邀为法国南特自然历史博物馆创作委约作品，她从古希腊神话，从法国 19 世纪的诗歌、音乐中找寻创作灵感，请出牧神与《牧神午后前奏曲》，与物件剧《牧神午后》一起，巡游 21 世纪的世界各地。在这部短剧中，牧神归来，似游天界，似临人间，在神秘、悠远中，宇宙的真相若隐若现……

有人说，一首好诗犹如一座宝塔，塔基低、宽，人人都能走得进，而塔身，则依每个人根性而走到不同的高度。好的艺术作品皆是如此吧！物件剧《牧神午后》，透过主创不可思议的想象力和对空气动力学的奇妙运用，有人看到物——塑料袋变身精灵跳舞；有人看到人——成长、飘零、幻灭的人生际遇；有人看到神——创造生命，又肆意摧毁；有人看到神话——来自遥远的古希腊；有人看到传统文化——神话、音乐以全新的方式被演绎。这座宝塔，足够人们攀沿直上瞭望万千风光。

我站在塔上，唏嘘万千、流连忘返；回想这一周的前三顿戏剧大餐，阵势豪华，却并没有带我登塔临高，而像绕进了一座地下迷宫，幽暗、无序、庞大，我不得其门而入，怅怅而归，心下越发地思念与牧神共度的午后。古人云"山不在高，有仙则名；水不在深，有龙则灵"，我在想，戏也不在大，但究竟要有了什么才灵呢？

# 时间之外的禅境

——台湾优人神鼓的道与艺

时间:2015 年 6 月 24 日

地点:国家大剧院

剧团:台湾优人神鼓

时间是什么？ 刘若瑀说,时间是头脑的创造,记忆透过时间而存在。

时间之外是什么？ 黄志群说,万古长空,一朝风月,既在时间之外,也在时间之内。

佛家云,"言语道断,心行处灭",故禅宗不立文字,以禅入诗、以禅入茶、以禅入武,又有台湾优人神鼓,独创以禅入鼓,被台湾著名禅者、文艺评论家林谷芳先生誉为实践"道艺合一"的唯一表演团体。

2015 年 4 月,在两岸小剧场艺术节上初次看到优人神鼓摄于 2008 年的纪录片,记录全团以云脚台湾 50 天,白天行程 1200 公里,晚上在学校、寺院、露天演出 30 场,为剧团手作 20 周年成年礼的全过程,惊诧于他们明明是表演者,在台上击鼓、起舞,可那身气质又太迥异,不像这世上的绝大多数演员——用悲痛来引发悲痛,用热情来点燃热情,而是——只专注在自己的身体,进入禅定的状态,但定后的他们并非静止,而是先定后鼓,在定中鼓!

终于,2015 年 6 月,优人神鼓首次携作品《时间之外》造访大陆,在广州、上海、北京上演,引起惊呼一片。"大骤雨""千江映月""涉空而来""蚀""漩中涡""时间之外"六个篇章,将观众带入无垠宇宙。镜面地板将所有动作倒映于地面,似真似幻;源自中亚的神圣舞蹈,舞者的头、手和脚分别以不同的节拍精准动作,非高度专注不能为之;取自于宗教仪式的苏

菲舞，旋转不停走向天人合一；叶锦添设计的黑白素色服装，一反常态；鼓声与灯光的配合，精确到秒；多媒体设计的骤雨、宇宙黑洞将舞台空间延伸至无限……舞台上，寂静空灵，却又鼓声激越；鼓者专注内心，可是音乐、肢体、吟诵，无一不具强大冲击力；用光用色至简，意象又丰富至极；它是灵魂与宇宙的无形对话，也是视觉与听觉的有形盛宴。动与静、身与心、禅与艺，毫无违和感地交融在一起。

如果说音乐、舞蹈、武术、吟诵，以及舞美、服装、灯光的呈现，一切都是刚刚的好，那么这台演出，最好看的，是人，是演员身上浑然忘我的状态，是只在当下的用心。如果说别的表演团体学武术、学太极，是提高表演技巧的训练手段，那么对优人团员来说，日复一日的打坐、打拳、打鼓，以及长途云脚，是通向修行之路，亦是修行本身。

独特的训练体系造就了独特的优人神鼓。"我跟格洛托夫斯基学了一年，但一生受用不尽"，优人神鼓创办人刘若瑀老师在纽约大学学习表演期间，曾跟随波兰戏剧大师、"质朴戏剧"理论创立者格洛托夫斯基，在山林中接受一年的艰苦训练。格氏提倡舍弃布景、灯光等复杂的演出形态，从大自然和古老文化中吸收能量，激发演员潜能，寻找先人累积传承的世代记忆，用身体知觉来展现人的本来面目。格氏不仅熟稔中国道家文化，对佛教也参悟颇深，曾于印度修行 3 年。他教导刘若瑀"让你的内在有两只鸟"——学习觉知，时刻观察自己。感悟到老师的思想源自于东方后，1985 年刘若瑀回到台湾，发愿遍访台湾古老文化，把自己"种"回台湾的土壤，从传统文化中吸取养分。

1988 年，刘若瑀在台北近郊老泉山成立优剧场，1993 年邀请精通广东狮鼓的黄志群入团，习武出身，曾当过云门舞者的黄志群，去西藏、印度云游，在高僧带领下走上禅修之路，把"先学打坐，再学打鼓"的理念带给优人神鼓。刘若瑀和黄志群，一个在西方学习，一个在东方学习，殊途同归、不谋而合，都将禅带给了优人神鼓，于是禅修、打坐、觉知，成为优人的灵魂，而击鼓、武术、神圣舞蹈、苏菲舞等构成了优人的机体。

观优人神鼓的作品，鼓、武、舞，无一不是来自于东方传统，可是经过了艺术再创造和团员的吐纳吸收，呈现为蕴含东方美学的当代艺术。在优人身上，禅的减法、艺的加法，以及传统的消化，都不需要用头脑解释，而只要如实地做，它们都是帮助自己达到觉知的途径。

于是，观看优人的演出，便成为非常特殊的一种体验，超越剧情，也超越视觉和听觉。舞台上，演员游刃于音乐、肢体、戏剧等多种表演方式，凝神专注、出神入化；舞台下，观众屏气凝神，观察体悟，跟随演员共入禅境。这一瞬，只在当下，似在时间之外！

# 找到自己的 DNA

—— 观陕西人艺版话剧《白鹿原》小感

时间:2016 年 3 月 13 日

地点:北京天桥艺术中心

剧团:陕西人民艺术剧院

2016 年 3 月中旬,我几乎度过了"白鹿原"周——3 月 13 日,一刷陕西人艺版话剧《白鹿原》;14—16 日,日夜捧读陈忠实 50 万字原著小说;17—18 日,翻阅网上淘到的《〈白鹿原〉评论集》复印本;19 日,在"秦唐食府"品尝岐山臊子面和肉夹馍之后,走进北京天桥艺术中心二度刷剧。

没错,在一刷时我几乎是裸看,小说《白鹿原》问世后的 20 多年来,它曾零星地飘过我的耳朵,但没有进入过我的视线,北京人艺版话剧、电影、电视剧的各种演绎,我全都没有见过。

经过这一周的品尝和回味,客观地说,文字永远是表述复杂的外部世界和隐秘的内心世界的最佳利器,戏剧、电影等都难以望其项背;主观地说,小说《白鹿原》是一部史诗巨著,其内涵和外延都相当巨大,是一望无际的高原,更是巍然耸立的高峰,陕西人艺版话剧在陈忠实原著、孟冰剧本的沃土之上起步,不仅将小说的大部分意涵精炼表现于舞台,并且在戏剧与文学的对话中,展现了戏剧主体性的力量,闪耀出表演艺术独特的光芒。

从编导演方面来说:编——用的是北京人艺已经演过的孟冰剧本;演——无名角无明星,一水儿陕西人艺演员,一水儿陕西方言,不消说方言的运用为此剧大力加持,牢牢地把观众带到关中平原,可是对于复杂人物的塑造,扮演孝文、黑娃等的年轻演员尚缺火候仍是不争的事实;这部戏,最考验的是导演功夫,最出彩的是导演理念和手法。

这功夫从开场就显示出来。

戏剧开场,在暗黑的舞台上,白嘉轩和鹿子霖的地产交易正在进行,白嘉轩母亲闻讯赶来被其败家之举气晕在地,极强的戏剧冲突如同美国大片一般抓人,堪称精彩"凤头"。

50万字原著小说,极其庞杂的人物线,如何浓缩在3个小时的戏里?导演采用的方式非常巧妙,村民群体以戏剧发生的最初——古希腊悲剧中的歌队方式,既扮演剧中的人物,也担任旁观的叙述者,在叙述中高浓度、快速地推进剧情,又与剧情氛围非常的贴合,毫无违和感。

一部中原大地上的历史长卷徐徐展开,时间跨度从辛亥革命、军阀割据、北伐、国共合作、抗日、肃反,一直到解放,白鹿两家两代人在巨变时代中的不同人生轨迹交错呈现。年长的一辈:族长白嘉轩、和白家明争暗斗的鹿子霖、大儒朱先生、白鹿原最好的长工鹿三、鹿家亲家冷先生;第二代:曾经堕落又当上县长的白孝文,一往情深的鹿兆海,共产党员鹿兆鹏和白灵,历经农协会员、土匪、读书人等多种身份转换的黑娃,苦命的小娥等,"猪肚"的内容充实自不待言,虽然部分情节因欠缺铺垫交代而展开得有点"楞",但总的来说,当繁则繁,当简则简,以祠堂、窑洞、朱先生家等为重点场景,撷取和突出戏剧冲突,浓缩剧情精华,观众一边被人物跌宕的命运牵着走,一边辨认和感慨着命运的幕后推手——人性中的矛盾、动荡的政治时局、解体中的宗族社会……

20世纪90年代初,中国正处于从农耕文明向现代文明高速挺进的时代,陈忠实回到白鹿原坡下的老宅,重新阅读这座古原,潜心沉思和写作——"之前的两代或三代人,在这个原上以怎样的社会秩序生活着,他们和他们的子孙经历过怎样的生活变化中的喜悦和灾难?"作品出版后,被评论界认为是"站在一个现代的立足点上对于民族生存进行反思"。当时一位著名批评家曾写道:"《白鹿原》的现实主义理论之强大,在很大的程度上就在于他对封建的伦理道德、封建的纲常名教的揭露比许多别的

作家都更深刻,对它麻痹、腐蚀、瓦解人民的革命意识,以致成了人民觉醒的严重阻力等等,他在这些方面比许多别的作家表现出更强烈、更激动人心的义愤和憎恨,他的批判的声音比许多别的作家更深沉、更激烈。"而当时光的马车又往前行进了二十载,到今天隔了更远的时空去回望,我在小说中读到的,与其说是陈忠实的批判性,不如说是他的矛盾——对于那个时代和时代中的人物"既在批判,又在赞赏;既在鞭挞,又在挽悼";而我在陕西人艺版话剧中感受到的,是导演对于"仁义白鹿村"充满理解与同情的追忆——白鹿原,是孔夫子所谓"礼失"后可以去"求诸"的"野"。

在挂着"仁义白鹿村"牌匾的祠堂里,族长白嘉轩召集全村男性每晚学习儒家经典,以儒家文化为本树立乡约,以耕读传家为美德世风;白嘉轩的姐夫,关中大儒朱先生饱学诗书,开书院,修地方志,投笔从戎抗日,"一生留下了数不清的奇事逸闻,全都是与人为善的事",他是白鹿原的精神导师;叛逆者黑娃最终拜朱先生为师,在祠堂向列祖列宗祭拜,乞求祖宗宽恕。全剧的结尾更是意味深长——与小说中以鹿子霖疯了的结局不同,这版话剧在白嘉轩哭喊"姐夫、姐夫"中戛然而止,对于逝去的关中大儒朱先生的哭喊,是对传统文化的叫魂,耐人寻味。

20世纪末,小说《白鹿原》在文化界对中华民族的百年历史进行反思的潮流中一跃而出成为扛鼎之作。这几年,文学艺术界原创力量的萎缩,使中国的舞台已然成为外国戏剧的海洋,幸好还有《白鹿原》,它凸起在海平面上,以一个陕北汉子的姿态巍然屹立。有了它的参照,我们才猛然惊觉,我们太急着想去融入外部的世界,而自己的传统文化、地域文化,却日渐被遗忘。我们都快找不到自己的DNA了,这样真的好吗?

# 《精彩必将继续》:活过的痕迹都烙在他们的肉体上

时间:2016 年 6 月 12 日

地点:北京青年剧场

剧团:北京蓬蒿剧场、法国 Jérôme Bel 剧团联合制作

《精彩必将继续》,与其说是舞蹈,不如说是行为艺术;与其说是行为艺术,不如说是生活的横切面。

这部由法国编舞家杰罗姆·贝尔编舞,创作于 2001 年,曾获纽约舞蹈戏剧最高荣誉贝西奖(Bessie Award)的当代舞蹈作品,其北京版于 2016 年 6 月 11—12 日首次出现在舞台上。在 90 分钟的时长里,DJ 播放着来自约翰·列侬、莱昂纳尔·里奇等演唱的过去 30 年的欧美流行歌曲,21 位专业和非专业舞者跟随着音乐起舞,或者说动作。舞台上的呈现,让我从不解到期待,不时赞叹。

6 月 12 日晚上 7 点 40 分,演出比原定时间开始得晚,第一首歌放完后,场内仍然一片漆黑;第二首歌响起,光线慢慢有点亮了,模模糊糊能看见空的舞台;第三首歌响起,仍然是空的舞台,难道,就像那首著名的《4 分 33 秒》那样——约翰·凯奇在舞台上掀开琴盖,然后一动不动坐了 4 分 33 秒,然后,然后这支音乐的演奏就结束了!美国最著名的实验音乐作曲家,深受杜尚影响的凯奇,借此告诉观众,一切都是音乐,最重要的不是演奏,而是聆听。难道,今晚上演的是一部类似的观念艺术作品吗?

终于,在第三首歌《一起来》快要结束的时候,他们上场了,就像从一条城乡接合部的巷子出来一迈腿就上了舞台,任何一场联谊活动的演员都要比他们整齐得多,除极个别养眼的外,大部分人如歪瓜裂枣,衣着也松松垮垮,佝偻着背的大爷、坐轮椅的大妈、性别难辨的青年,可是每个人

都神情专注、认真,投入地扭、甩、踢,用胳膊、腿、腰,甚至头发、舌头,动作奇形怪状,好像根本没有想把动作做得漂亮些。

音乐转到了一首节奏感很强的摇滚,连轮椅大妈都剧烈地前后倾倒她肥胖的身体,更将轮椅推得转起圈来,每个人都在热烈地发泄,剧场被煽动得可以点起火来。《芭蕾女孩》音乐响起,男演员退下,场上只剩下女演员和一位性别不明者,一位身材没有曲线的女孩做了领舞,这同样是一支并不给人带来美感的舞蹈。可是,慢慢地,有许多联想发生了——这种联想在观看一流的职业舞者时并不会产生——我看见了一个个平庸的身体,和她们对轻盈、优美的追求。即使每天走在熙熙攘攘的街头,我似乎已好久没有关注陌生人了,但此刻我看见了,并且可以看得很深,看到一个个不屈挣扎的灵魂。

这种感觉越来越强烈,当那个长相普通,甚至有点丑的音乐DJ突然走向舞台,一个人起舞,又突然走向音控台,调大了音量,将光线调到定点光,在那束孤独的光下孤独地起舞时,我看到了在人生道路上踽踽独行的一个人,以及,每个人。

如果说开演的前10分钟我在揣测着这是一部现代主义还是后现代主义作品,或者说是现代艺术还是当代艺术的话,那么此时,我已全然放弃了这种分析的努力,因为我已完全沉浸其中。下一首曲子《到我怀里来》,在这种场域就是十足的催泪曲,不知人物组合是导演刻意安排还是随意为之,女的和男的,女的和女的,老的和少的,一对一对,长时间的,拥抱,我们想象的相拥相依的温暖美好世界,舞者们替我们实现了。

音乐一首接一首地响起,我的目光越来越避开专业舞者,避开了年轻娇好的身体,追随着轮椅大妈、佝偻老人、白胡须邋遢男,他们的舞姿绝不优美,但在和专业舞者、年轻人同台的舞台上,他们没有畏缩和闪躲,他们自信的光芒照亮了台下不自信的我——总是觉得自己不够好、不够优秀的那个我——他们让我看到了自身的胆怯,我还有什么理由不接受不完美的自己呢?

《精彩必将继续》，最精彩的就是舞者，他们是导演杰罗姆专程来北京，花了半个月的时间向社会招募，并从200多名报名者中选拔出来的，他们中有专业舞者，还有街头卖艺大爷、广场舞大妈、临时工、发型师、残疾人、学生。杰罗姆曾说，非专业的舞者就是在演他自己，他不需要演别人；当观众看到他们跳舞的时候，反而更能产生共鸣，更能理解到其中的感受。真的，与观看专业舞团迥异，我看到的完全不是艺术家的技巧和艺术的表达，而是普通人和他们的生活。台上的他们，并非精英，也并非在表演，每个人的肉体都记载了他的一生，所有活过的痕迹都烙在了肉体上。是肉体记录下了岁月的侵蚀，并且不屈不挠地表达。

导演杰罗姆还说，在舞者和观众之间存在着镜子效应，通过怀旧经典歌曲唤起舞者与观众共同的记忆，使得两者最终融为一体，但事实上，《精彩必将继续》中所运用的20世纪欧美流行歌曲，对于中国的舞者和观众来说，并非那么耳熟能详，所以，起码对我来说，我并不是被歌曲唤起记忆，而是舞台上每个真实的身体以及背后的生命经历，打动了我。

体验艺术，其实就是体验自我。好的艺术作品，不仅是演员经历了体验，也不仅是观众体验到了演员的体验，而且是观众通过观看也完成了自身的体验。20世纪最重要的艺术家博伊斯曾言，"人人都是艺术家"，我想，《精彩必将继续》是支持这一论点的绝好案例。

# 《明天》:艺术的变形和生活的本真

时间:2016 年 11 月 11 日
地点:北京天桥艺术中心
剧团:英国消失点剧团

"在多层意义上,剧场都是一种变形",《后戏剧剧场》作者雷曼教授如此说,而英国消失点剧团的作品《明天》,显然正是一部"变形"的典型之作。

变形无处不在。年青帅气的乔治匆匆赴医院看望夫人和新生命,却在路上被一位老头拦住,他好不容易摆脱老头,赶到医院,却被护工强行套上面具,更换衣服,他的脸、肢体、声音秒变为垂暮老者的;时间的变形,如断翅之翼,自然进程被打断,衰老倏忽即至,乔治老态龙钟,与老人们一起,在养老院无聊地打发时间,苟延残喘。

一双未受过训练的眼睛,很难对西方现代绘画产生真正的理解;一个习惯于现实主义叙事的观众,对于欧美现代戏剧的理解也不会毫无障碍。

《明天》将观众引入的是一个混沌的世界。戏一开场,一片昏暗肃穆中,三人接过面具,似乎接过自己冥冥中的宿命。灯光渐亮,场景变化,男主角乔治遭遇"一秒钟年华老去",养老院里,只有步履蹒跚的老人和无聊度日的中年护工,以及不时上场打球嬉戏的孩童;乔治数次穿上外套,问着"现在几点"了,要赶去医院看望快分娩的妻子苏珊,都被护工以"明天再去吧"阻拦;乔治想要逃离养老院,握着一把勺子奋力挖地道,这时的养老院似乎是疯人院,乔治也宛如肖申克。这部来自苏格兰的戏剧作品,如同被苏格兰高地的浓雾笼罩着,景物影影绰绰,需要睁大眼睛去分辨端倪,但如果从后戏剧剧场的角度去观察,浓雾则徐徐散去,景物渐渐明朗起来。

德国著名剧场学家雷曼教授在《后戏剧剧场》中，概括了20世纪70年代以来新型剧场艺术的核心特点，那就是——文本在剧场里的中心地位被颠覆了，它只是戏剧统一体的一个组成部分。后戏剧剧场反对文本至上，强调剧场艺术的各种手段，包括文本、音乐、动作、灯光、布景等等的独立性及其平等关系，它们平行组合，构成一种复调关系。

相对于由文本统治的戏剧剧场，在后戏剧剧场，文本走下了金字塔，且向剧场敞开了自己——它是语义含混的，乔治如何会瞬间变老人？他在养老院里一再要去看妻子是因为得了阿兹海默症吗？戏的结尾他是走向死亡还是从一场梦中醒来？它是多声部结构的，养老院里，四五位老人、两三位护工同时喧哗嘈杂，以至于在北京演出时，不少台词干脆就不打中文字幕了；它是可多重解构的，护工们的闲聊，与他们要照顾的老人无关，可以解读为人与人之间的隔膜与互不关心，也可以什么都不解读，人物冲突被取消了，确定性被消解了。

舞台空间，被分割为与舞台前沿平行的条状，也并不运用灯光进行分区，就在行动迟缓的老人们建构的养老院空间内，孩童们打球、嬉闹，通过空间的并置，造成时间的错觉，完全凭观者想象——老人和孩子之间，是否有一种线性时间的推进或倒退，是童年时光的闪回或是新生命的接力？总之由观众决定对这些行动自由组装。

舞台的色彩，自始至终是灰调的，像一幅表现主义的油画，物象朦胧；甚至，在戏的下半场，舞台灯光全部关闭，只有手电筒的光柱刺向观众席，依稀见到迟钝的乔治孤独地站在舞台上，听到一对男女的交谈，似乎是养老院里的护工，在谈着他们对年老后的安排。那射向观众的光柱，尖锐而晃眼，可是我们无处躲藏。

所有这些，成就了一种浸没式的效果，观众被裹挟其中，感官被激活，从被动地观看叙述，到产生共振，成为剧场艺术听觉、视觉复合整体中的一部分，于是乔治不可思议的瞬间变老，就好像发生在我们身上，曾以为

摄影：Humberto Araujo

遥不可及的衰老突然降临，猝不及防，但如此真切。

于是，在昏暗的剧场中，我那几乎丧失了身体一切功能、在医院昏睡的年迈家人的脸浮现在眼前；一位请了一年假专门照顾家中四位七八十岁老人的朋友似乎坐到了我旁边；借着舞台上手电筒打出的光亮，我试图照见自己的终点还有多远，盘算着有限的这段路程该如何走过，突然万分紧张，时间的余额不多了，我花在最值得的地方了吗？

《明天》，是艺术的变形，也依然有生活的本真。一幅古典绘画，总是试图模拟和再现真实场景，现代绘画则不再表现三维空间的幻觉，而是表现画家理智和情感中的世界，并欲与观者产生共鸣；一部戏剧剧场作品，旨在用文本搭建和再现一个他者的故事，而在后戏剧剧场中，传统的线性叙事被视觉、听觉的综合空间所取代，观众的自主性被突出，作品与观众的交流成为重点。因此，在《明天》里，我们看到的，是每个人自己的明天；我们收获的，是借剧场作品对自己的反观，是对今天的警示。

# 细赏罗衫解深情

## ——三看新版昆剧《白罗衫》

时间：2017 年 3 月 10 日

地点：北京大学百周年纪念讲堂

剧团：苏州昆剧院

新版昆剧《白罗衫》，是白先勇和苏州昆剧院合作的第三部作品，与之前的青春版《牡丹亭》《玉簪记》，有同，也有异。从这部作品中，不仅可看到作为昆曲的《白罗衫》，亦可见作为悲剧的《白罗衫》，以及作为 IP 的《白罗衫》。这部作品，是白先勇对自己的一个挑战，从中可看到两个白先勇：文学的他和昆曲的他，亦可见其对昆曲发展道路的小心探索。

### 一看——昆曲《白罗衫》

白先勇恢复昆曲传统表演美学的主张，依然体现在新版昆剧《白罗衫》中。与众多戏曲现代戏纷纷聘请话剧导演不同，白先生沿袭青春版《牡丹亭》《玉簪记》邀请著名京剧艺术表演家翁国生任导演的做法，这一回邀请的是著名昆曲艺术表演家岳美缇任导演和艺术指导，这是对戏曲艺术以表演为核心的充分尊重。

《白罗衫》的本子来自于明代无名氏，现存于《古本戏曲丛刊》的残本，有头无尾，所存最后一折便是《看状》。新版《白罗衫》的编剧台湾大学古典文学专业张淑青教授，对昆曲，尤其是明清传奇很有研究，亦是青春版《牡丹亭》和《玉簪记》的编剧，可谓白先生的御用班底，但早先两剧的改编均是对剧本做减法，而此次做加法，难度不可同日而语。

新版《白罗衫》由《应试》《井遇》《游园》《梦兆》《看状》《堂审》六折组

成，徐继祖拜别父亲徐能前往应试，井边遇老妪，应允为她寻找 18 年前赴官上任却从此杳无音信的儿子和儿媳；科举高中后被任命巡抚，受邀游园，遇妇人告状，称 18 年前与丈夫赴任途中被抢；之后又在官府接到诉状，告强盗徐能 18 年前谋财害命，直到最后一折，徐继祖当庭审理，18 年前往事水落石出，却原来为强盗所害的是自己的生身父母，而恩重如山的养父徐能竟是杀父仇人——为官，他当除暴安良；为人子，他当为父母雪仇，在纠结的心理、艰难的抉择中全剧达到高潮。

除《看状》一折为传下来之外，此剧的其余几折皆为新排。戏曲是以行当为中介的程式化的表演艺术，行当是历代艺人将不同年龄、性别的人，按其生理特征、性格类型等概括提炼、定型的结果。《白罗衫》的行当设置，第一、二折分别是官生与净角、官生与老旦，第三、四折分别是旦角戏、净角戏，第五折是官生与外，第六折是官生与净。从某种程度上讲，《白罗衫》是白先勇为俞玖林量身打造的戏，由岳美缇老师手把手传授，让他在原有巾生行当之外，首次尝试官生行当。养父徐能的行当是净，所勾的花脸，也并非代表阴险奸诈的白色脸谱，在行当设置上已经对人物定了基调，不和观众玩悬念，接下来，看的就是演员如何将角色表演到位。

徐继祖、徐能、奶公的扮演都很出彩，尤其《看状》一折，徐继祖收下苏云的状纸后，看到有强盗徐能的名字，先一惊，继而安慰自己"天下重名的人嘛总是有的"，之后奶公上场，一眼瞄到状纸后大惊失色，慌乱中奉茶时将茶盘拿反，被徐继祖发现，以多个不同声调的"哦"表示惊诧、怀疑，点破奶公的反常，从而追问出 18 年前的真相。此处细节极其生动，身段多，小动作多，尤为精彩。

该剧的唱腔设计严格遵循因腔填词，舞美设计以董阳孜书写的条幔为亮点，少有布景，恰如《审音鉴古录》所说——身段画景，景不在外在的对象上，而在演员的身段上，尤其表现衙门开庭这一折，以皂隶的身段模拟表现门板开合和移动，煞是好看。

### 二看——悲剧《白罗衫》

著名戏曲理论家傅谨先生曾评价，与其说青春版《牡丹亭》是创新，还不如说它恰是这个时代戏曲界少有的尊重与切合传统昆曲表演美学的范本。白先勇先生也曾言，他在《牡丹亭》《玉簪记》的创作中，遵照"尊重传统但不因循传统，利用现代但不滥用现代"的原则，对剧本不是改编，只是整理，保留原著精髓，只删不改；唱腔原汁原味，全依传统，只加了些烘托情绪的音乐伴奏；服饰布景的设计讲求淡雅简约，背景采用书画条屏，突显以琴曲书画为特征的中国传统文化新美学。

在《白罗衫》中，白先生对戏曲艺术的本质和行当的理解不变，培养新一代昆曲演员和观众的初心不变。但或许是他担忧，强调戏曲传统形式美，会不会消解它表达现代主题的能力？它是否将真的成为夕阳艺术——只有好看，没有生命力？因此，在新版《白罗衫》中，白先生在主题立意上尤下功夫，走出了一般生旦爱情戏的窠臼，将对标指向了古希腊悲剧——在这部戏中，能看到《俄狄浦斯》的影子：一个人，在不自知中一步步走向宿命，最后，命运之神掀开了盖头，露出狰狞的面目。从某种意义上讲，白先生在《白罗衫》这部剧中，不仅是昆曲义工，而且又回归作家本色。

《堂审》一折，在情与法之间，一头是国法，一头是父子情；在亲情与血缘之间，一头是朝夕相处 18 年的养父，一头是死里逃生的生身父母。徐继祖该如何抉择？虽然无名氏留下的剧本有头无尾，但舞台上的《白罗衫》却有不同的结局。

江苏演艺集团昆剧院编剧张弘改编于 1988 年的《白罗衫》剧本，仿元杂剧的四折结构，《井遇》《庵会》《看状》《诘父》，高潮同样在最后一折，父子都有激烈的心理戏；儿子为父亲设宴，但心里已经决定"开宴迎亲报养恩，杀贼枭首雪母恨"，可谓一箭双雕鸿门宴；徐能无奈面对东窗事发，恶性不改，企图以酒壶狠砸徐继祖，"叫你读书，盼你做官，倒不如叫你做个强盗的好",最后走投无路、悬梁自尽,是恶人罪有应得的结局。

而白先勇的新版《白罗衫》,则是徐继祖一番思想斗争后,决意放走徐能,自己辞官承担责任,但徐能走后,不忍让儿子为己受过,复回,最终选择当庭自刎,父子彼此都为对方着想,把希望和机会留给对方。在此版编剧张淑香看来,张弘的剧本中,徐能父子都暴露了人性的黑暗面,令人不寒而栗,因此,她的本子不仅让徐能为子着想而自刎,而且也交代了他当年为照顾年幼弟弟迫不得已为强盗,自抱得婴儿归后,一心向佛、改邪归正,但终究逃不过老天的惩罚。可是,尽管编剧期盼"人间的正义,不必透过仇恨解决,而是能够透过爱与善、情与美来践履实现",期盼"新版《白罗衫》传达给观众的,是一个温暖人心人性的故事",但徐继祖失去了视他如已出的养父,此痛绵绵无绝期;徐能吃斋念佛亦无法赎罪,自刎丧命,由此,该剧蕴含了更大的悲剧张力,令观者一叹再叹。

### 三看——IP《白罗衫》

IP——"Intellectual Property",原意为"知识产权",被引申为"可供多维度开发的文化产业产品",乃当下的热词。一个好的IP,说白了就是一个好故事,可以衍生为电影、电视等多种娱乐产品。

对于IP时代的人来说,他们往往会被一个好故事牵着走,为故事情节、其中的人物神魂颠倒,他们消费的是这一个故事——通过书籍、电影、舞台剧、游戏等多种方式,反复消费,而这个故事,应该是被严密地架构起来,经得起推敲的。

戏曲研究学者王评章曾提出戏曲文学发展的主要类型,应该是在戏曲化、剧种化的立场上,融入文学性、戏剧性。从新版昆剧《白罗衫》,可见其朝"一个好故事"方向的努力,但它的矛盾体现在:

白先生的出发点,要吸引年轻人成为昆曲的观众,因此,与《牡丹亭》《玉簪记》在文本上只删不改,仍然保持了古典的文本不同,《白罗衫》试图强化戏剧冲突,但是,在人们习惯了美剧、英剧巧妙严密的故事之后再看

《白罗衫》,便容易发现一个个 bug——苏夫人被徐能强抢时,已是离临盆不远的孕妇,徐能抢来,是要帮她养孩子么? 徐能自言弟弟年幼,不得已才当强盗,可根据戏中唱词推算,"爹爹如今 63",那么 18 年前徐能 45 岁,以他当时年纪,弟弟已不可能年幼。也许,对 bug 的锱铢必较,是我们太无趣了? 或是艺术欣赏水平低下——只以情节的真实合理来要求艺术?

话剧、小说、影视重视典型性,戏曲重视类型性,戏曲塑造人物与话剧、小说、影视不同,它并不完全追求写实性的精确,不追求逼真,而是更加诗化一点、模糊一点,戏曲表达的是一类人,而不是一个人。要做到这一条,对演员表演有很高的要求,对观众的欣赏和理解能力也有相当的要求;锱铢必较于某一个情节的合理性,不如对一类人的行为、性格进行认识和反思,来得更为必要,但在 IP 时代,大多数人都只是为一个曲折动人的故事所吸引。

这一件"白罗衫"如何赏,突显了戏曲性和戏剧性的矛盾。戏曲看的是文化密码,戏剧看的是人生百态。极端一点说,中国的戏曲主要不是在情感的意义上感染观众,而是让人在审美形式上感到好看、好玩,从纯粹的艺术表现上打动人。白先生试图在保留昆曲形式美的同时,小心翼翼地试探,能否增加剧情的思想性,与西方戏剧走得更近一些,他谨慎地在做加法。而在同时代,有大量的戏曲现代戏,则是急不可待地投入西方戏剧的怀抱——仍打着戏曲的旗号,其实离戏曲核心特征行当、程式已很远——浮表的"话剧+唱",既令老戏迷失望,也吸引不了年轻观众。

白先勇曾经在一次访谈中坦陈,他想通过具体的实践,闯出一条发展昆曲的道路:第一,让老中青演员传、帮、带,培养接班人才;第二,培养青年观众,有了青年一代的昆曲爱好者,昆曲才能流传下去。他以诚惶诚恐、战战兢兢的态度来面对继承与创新的难题,作为一名出色作家、一名超级票友,他以昆曲《白罗衫》追求美,以悲剧《白罗衫》追求善,尽管从 IP 角度看《白罗衫》,有着破绽和矛盾,但它是白先生对昆曲发展的小心探索,饱含着他的无限深情。

# 昆曲《春江花月夜》：向《牡丹亭》致敬，又不止步于此

时间：2017 年 3 月 17 日

地点：北京天桥艺术中心

剧团：上海张军昆曲艺术中心

如果对昆曲《春江花月夜》（以下简称《春》剧）事先未做任何功课，初看该剧，很可能以为这是一出老戏，因为它文辞雅致，通篇以诗词写就，按照昆曲的套曲格式，唱词一韵到底，典故信手拈来。

众所周知，昆曲《牡丹亭》的文眼在于"情不知所起，一往而深，生者可以死，死者可以生。生而不可与死，死而不可复生者，皆非情之至也"；《春》剧，可谓向《牡丹亭》的致敬，只不过这回生生死死的主人公换成男性——唐朝诗人张若虚，唐诗《春江花月夜》的作者，而本剧，正是在对此诗的想象中敷演出来。

上元灯节，探花张若虚赏灯嬉玩，明月桥边偶遇妙龄少女辛夷，以为人家朝他看了三眼，因此春情勃发，露宿桥头期待第二日再会美人，不料被小鬼误抓，一命呜呼进了地府。阎罗王判案发现张若虚乃被误抓，但其寿命也不过只有三日，因此劝他早喝孟婆汤早投胎，张若虚却心心念念记挂美人，一心要回到人间相会，阎罗王以"往生富贵、腰缠万贯""往生风流、锦口绣心"，甚至"往生帝胄、君临四海"相诱惑，张若虚皆不为所动，最后仙姑曹娥为其上天庭讨了还魂草，张生得以重返人间，可谓因情而死、因情而生。

《春》剧的唱词、表演，皆深得老戏之韵味，与青春版《牡丹亭》总制作人白先勇先生"尊重传统但不因循传统，利用现代但不滥用现代"的创作初衷遥相应和；但是，年轻的编剧并未在此止步，正如罗周自己所说：我觉

得所谓"传统"和"现代",肯定不只是一个时间上的概念,而应是"高度",是"深度",是"真切度""真诚度"。在不断积累前行的过程中,我们会渐渐看到前人们没有注视到的地方,会渐渐抵达前人们没有到过之处,若仅仅是不断重复过去的东西,则无法显现当下之价值。

如果说,《春》剧中张若虚见辛夷的第一面,和《牡丹亭》中柳梦梅和杜丽娘、《玉簪记》中潘必正与陈妙常并无二致,是才子佳人的春情萌动,那么,在其后的情节发展中,《春》剧则抵达了传统戏曲很少涉及的区域。

张生与辛夷的第二面,是十年后的人鬼相逢。地府中,阎罗王再三劝张生早日投胎,张生不从,僵持间,人间已过十载;他向阎罗王请求,允其魂魄回人间一日再睹美人,在曹娥的陪伴下,张生魂游明月桥边。恰逢上元节,遇辛夷祭奠,祭奠的正是张生,当所有人都以为男女主人公情比金坚时,编剧的处理却剑出偏锋。辛夷自听说张生死讯后,年年祭奠,但却是"譬若阮步兵之哭兵家女也"——"想那阮籍,平生不识兵家之女,但闻她才色殊绝、未嫁而夭,遂径往哭之,尽哀而还"。张生闻言,先一愣,"片言醒破俺狂痴",继而引为知己,赞辛夷"襟怀若涧溪、澄莹似碧璃,林下风度信有之""夫人,你将俺视做一介生人,偏又能明月桥,泪迸无私,单为那摧兰折玉春江逝"!这一幕,是对生死之叹,也是对"其外坦荡,其内淳至"魏晋风度之赞叹,男女之情升华为知己之谊。

第三面,是曹娥牺牲自己五百年修行,上天庭讨得还魂草后促成,但天上四日,人间四十载,待张生重回人间,明月桥旁的第三面,相遇的,却已是 60 多岁的辛夷。一个仍玉树临风,一个已双鬓斑白;一个历经千辛万苦还阳,一个美人迟暮去日无多,这时,编剧给我们端出的已不是一首爱情小曲,而是人间悲歌——"江畔何人初见月?江月何年初照人?人生代代无穷已,江月年年只相似。不知江月待何人,但见长江送流水",这是人在宇宙前的哀叹,也是自我的觉醒——造化弄人,以己之微渺,逐寰宇之浩瀚,岂不可悲、可叹、可嗟、可笑?人,终是要走出对情的执念、对生的执念,虽然无能为力,尽管无可奈何。

《春》剧走出了传统戏曲的大团圆结局，走向了更浩渺的高处。但就其题材来说，穿越、修仙、人鬼神三界的情感纠葛，又老少咸宜。80后编剧罗周，在复旦求学十载，以古典文学博士学位毕业，以她沉浸多年的古典文学功力，和长期浸淫网络小说写作的功夫，成功地把网络小说常见的玄幻仙侠题材和戏曲杂糅在一起。

对于有着丰富影视剧观剧经验的现代观众来说，戏曲艺术抒情性大于叙事性和戏剧性的特点，容易让习惯了高密度剧情的他们觉得传统戏曲结构"松、散、慢"，这一点也被罗周意识到了，她说：现代戏曲研究者提出"情节必须是一个有发生、发展和结局，即所谓'由起始、中段和结尾组成'的整体，事件的结合要紧密到这样一种程度，以至若是挪动或删减其中的任何一部分就会使整体松裂和脱节"，她就是"情节整一性"这一原则的坚定践行派，因此，她自觉地以情节严密来要求自己，以"四折一楔子"的结构实现起承转合，全剧之场次、段落完全把握在理性层次内。

更重要的是，虽然她有足够的文学才华和编剧技巧，但罗周保持着对戏曲本体语言足够的尊重，一面使情节尽可能的简化，保留主干，去除细枝末节，用演员的表演和观众的脑补来填充；一面使人物意志与行动冲突尽可能强烈，给演员的表演腾出充足的时间，为表演创造充足的空间和层次，令戏曲艺术充沛的审美资源——唱腔、身段，得以最大程度的绽放，既实现了现代戏曲对于情节的追求，也很好地解决了继承戏曲传统的问题。

当众多现代戏将戏曲的外衣剪裁得支离破碎，在里面安上一颗假大空的灵魂，我庆幸没有错过当代昆曲《春江花月夜》，它在保留传统昆曲文本和表演古典美学的基础上，在剧情的思想性上做了出色的当代演绎。它是对昆曲《牡丹亭》的致敬，又不止步于此。我愿将它视作是一出古典的现代戏，堪称完美之作。所谓"现代"，罗周很好地解释了：现代，是人望向自己内心的深度，是人的发现与觉悟，至于形式，尽可以是古典的。

# 有无之境

## ——从《南柯记》到《南柯梦》的削减

时间:2017 年 6 月 28—29 日

地点:江苏紫金大戏院

剧团:江苏省演艺集团昆剧院

也许,对汤显祖爱得越深,才对《南柯梦》越不满足。

汤显祖 4 部经典传奇剧作《牡丹亭》《邯郸记》《南柯记》《紫钗记》中,《南柯记》自 1600 年问世以来,有明代、民国和当代的多种刊本流传,但据考证自清代以来没有全本演出过,只传下来《花报》《瑶台》两出折子戏,直至 2012 年江苏省演艺集团昆剧院与台湾携手推出昆曲《南柯梦》上下本,才算是填补空白。《南柯记》难以在舞台呈现,也许早就是大家的共识。

2012 年 10 月和 12 月,江苏省昆版《南柯梦》先后在台北、南京上演,之后 2013 年在天津、2015 年在四川、2016 年在北京等,虽上演场次不多,但从有限的材料看到皆为好评。2017 年 6 月 28、29 日连续两晚,我在江苏演艺集团下属紫金大戏院观看上下本,全场满座,且大部分为二三十岁的年轻人,令人为昆曲之热心生欢喜。但高兴之余,心下却总是有些不满足。

这部戏的看点很多。两位被称为"金童玉女"的演员——施夏明和单雯,虽年方而立,但自昆曲《1699·桃花扇》出道以来,也是吸粉无数。此外,这部由台湾投资的戏,导演和舞美、服装、灯光设计均来自台湾,尤其是导演王嘉明,被誉为台湾剧场界鬼才,是台湾"莎士比亚的妹妹们"剧团创办人、团长,作品风格前卫,天马行空,但在这部作品中,他对自己的作为进行了限制。也许正如他自述的那样,因大学时偶然看一次昆曲,昆曲成为他的剧场艺术启蒙，所以他是以一种小心翼翼、膜拜的心理面对此次执导，大胆的解构当然看不到了。

用尊重传统来形容这出戏一定没错，不仅请来了蔡正仁和张继青担任艺术总监和艺术指导，还有钱振荣、龚隐雷、王维艰、李鸿良等名家任技术指导，音乐总监也由张继青的"御用笛师"孙建安担纲，剧中所有唱词念白和曲牌均采用汤显祖原始传奇剧本，仅对剧目做删节，不做别的改动。

但正是这一点，让我觉得出了大问题——舞台本不改动任何台词，只是对原著进行大段删减，将全本 44 折减至 16 折，有的出目被整体移除，有的出目被不同程度削删，导演兼剧本整理者自言：删的依据，是保留故事性强的，去掉被认为与主干关系不大的。于是，剩下的就只是故事，而故事背后的魂——作者的立意、作品的意境，则被淡化了、稀释了；并且，因为绝大多数出目是整出删去，做减法后的舞台本，就像一个个被简单缀连的折子戏，而并非浓缩后的原著精华。

这一版《南柯梦》，上本由"序禅请""第一折树国""第二折侠概""第三折情著""第四折入梦""第五折伏戎""第六折玩月""第七折花报""第八折瑶台"组成；下本有"第一折系帅""第二折召还""第三折芳殒""第四折蝶戏""第五折疑惧""第六折遣生""第七折寻寤""第八折情尽"。

上述各折题名直接对应原著的"第二出侠概""第三出树国""第四出禅请""第八出情著""第十四出伏戎""第二十五出玩月""第三十一出系帅""第三十三出召还""第三十五出芳陨""第四十出疑惧""第四十一出遣生""第四十二出寻寤""第四十四出情尽"；"入梦"折含有汤作"第十出就征""第十一出引谒""第十二出贰馆""第十三出尚主"的内容，"花报"折实际上是原本"第二十六出启寇"，"瑶台"折是原本"第二十九出围释"，"蝶戏"折含有原本"第三十七出粲诱""第三十八出生恣"的内容。

保留下来的故事主线是：上本，大唐年间，在契玄禅师主持的盂兰盆大会上，武官淳于梦被前来为淮安国选驸马的琼英郡主相中，酒后昏睡入梦，被紫衣官接入淮安国，与瑶芳公主成亲；倏忽 20 年后，夫妻双双与子

女同赏月，而淳于棼在公主安排下任职南柯郡太守，在其治下国泰民安，完全略过不提，汤显祖对于理想官员的描摹完全不见了。

须知，完成《南柯记》时，作者已辞官回乡两年，淳于棼任南柯太守的经历可谓汤显祖做遂昌知县的反映，当年辞官时，遂昌百姓阻驾挽留，汤公是将对理想官民生态的向往，形象地再现在《南柯记》中的。

下本，淳于棼自南柯郡返朝，瑶芳公主途中病逝，淳于棼被提拔任左相，被权贵簇拥，与琼英郡主等三女日夜欢淫，终遭人嫉恨，被国王流放返乡。他自梦中醒来，至大槐树下，见蚁穴历历如梦中之国，惊觉淮安国乃蚁穴，于是燃指为淮安国众生超度，瑶芳公主上天前，淳于棼拉住公主依依不舍自叹孤凄。富贵过、真爱过、滥情过，最后幡然醒悟，立地成佛。下本中的《蝶戏》由两折捏成，表现淳于棼与三女的男欢女爱和极尽荒淫，更是极度浓墨重彩，着力吸人眼球。

也许因为我们这些年太强调戏剧作品要讲故事，而故事的实质，是再现，是写实，但戏曲的魂，是虚实结合。因此，这一部被大刀阔斧删减得只剩故事主干的昆曲《南柯梦》，就像是长篇小说改编成了连环画，大体的情节犹在，但社会背景、人物心理等较难视觉化的东西都被切除了，于是成了一部通俗易懂的儿童剧——蚂蚁国奇遇记。

但正如一位评论家所言，汤显祖是哲学诗人，他笔下的《南柯记》披着一件荒诞故事的外衣，内里却是"梦了为觉，情了为佛"的觉悟。汤显祖早年师从阳明学泰州学派传人罗汝芳，所著《临川四梦》，被认为"无不显现泰州学派的思想脉络"。学者陈来曾将王阳明心学的主题概括为——如何在儒家有我之境的立场上消化吸收佛教的无我之境，一部《南柯记》，上半部写主人公做乘龙快婿娶公主升太守，走上人生巅峰的有我之境，下半部写峰回路转得意变失意，彻悟浮生似梦遁入无我之境。

可惜搬上舞台的《南柯梦》，削减了情节，更削减了深度，如果汤显祖也来到了剧场，我估计，会听到他的叹气声。

# 三个女人的戏

## ——《海上夫人》的复活

时间:2017 年 9 月 14 日

地点:杭州大剧院

剧团:北京当代话剧团

易卜生的《海上夫人》,由艾鲡达、王媛媛、陈数——她们分别是剧中人、导演和演员——三个女人联手,在中国的舞台上复活了。

《海上夫人》在中国的影响,远不如《玩偶之家》——无论是 1914 年上海春柳社首次演出"幕表戏"《玩偶之家》,还是 1919 年胡适仿效该剧创作独幕剧《终身大事》,此两者都被视作是中国现代话剧的开篇;也不如《建筑大师》——由林兆华导演,濮存昕、陶虹出演,自 2006 年首演后成为林兆华戏剧邀请展的保留剧目;亦不如《人民公敌》——它们激发了南京大学吕效平教授带领学生创作了戏中戏《〈人民公敌〉事件》。

剧中女主角艾鲡达,是灯塔管理员的女儿,从小在海边长大,嫁给了比她年长许多的凡戈尔医生,成为两个女孩的继母,搬到了偏远的峡湾,仍常常去海边,人们称她为"海上夫人"。生活还算平静,她和凡戈尔曾有过孩子,但生下来没多久便死了。这之后她总是精神恍惚,这天她终于对丈夫说出了隐藏的秘密——她年轻时与海员庄斯顿一见钟情,他们总是见面谈海,那个男人在因一桩命案离开前,和她把两只戒指套在一起丢进了海里——达成了一种婚约,之后还写信说要来接她,她因此被向往和恐惧间杂的情绪缠绕得不能自拔。

第三幕中,曾与艾鲡达缔结婚约的庄斯顿终于来了,希望她明天晚上跟他坐船离开,但"决不强迫她,走与不走,由她自己做主"。他离开后,艾

鲥达向丈夫倾诉心事,"当年你到我家来把我买走……我也愿意做交易",因为凡戈尔医生中年丧偶,愿意养活她一辈子,但"我不应该出卖自己!只要是出于自愿,只要是自己的选择,哪怕是最下贱的工作,最穷苦的生活,都比出卖自己的身子好些"。她向丈夫提出"让我自由!恢复我的全部自由""我要以一个自由的人来做出决定"!第二天海员再度来到,来等艾鲥达的决定;面对向往像大海一样自由的艾鲥达,凡戈尔痛苦地决定让她自主选择,而结果是一个巨大的反转——她宣布,她不想跟那个男人走了,未知的世界不能吸引她了——"正因为我可以自由选择它,所以我也可以把它甩掉"——她选择了和凡戈尔继续过日子,这是出于自愿、负责任的自由行动。

易卜生被誉为现代戏剧之父,1888 年,他在完成了《海上夫人》剧本创作后,曾称自己找到了新方向——据说,是指此后他越来越重视象征手法,越来越离开社会问题的辩论而趋向内心描写。

大海和海员吸引艾鲥达的,是打破安稳,对未知世界的向往。艾鲥达是幸运的,在易卜生的笔下,她遇到的两位男性,都尊重女性的选择:海员说"我当然没有权利要求她跟我走……如果艾鲥达跟我走的话,必须出于她自愿";凡戈尔说"你能自由地选择出路,就能完全从我和我的一切里解脱了",艾鲥达也终于在选择中明白,"人有选择的自由,并且要为选择付出代价"。

观看这部编舞家王媛媛执导的跨界之作,倘若对她有点了解的话,欣赏时就会有更多会心之乐:第一,音乐和舞蹈从来是最紧密的姐妹艺术,作为现代舞编导的王媛媛对音乐一定比别的话剧导演更敏感,剧中的音乐极好地烘托了气氛,是剧情和剧中人物心理表现的重要手段;第二,舞台美术完全摒弃了实景搭建,主要由三部分组成:前景几乎是空的,中景是一条连廊,是艾鲥达最主要的活动区,后景是礁石和峡湾,以及在舞台的后方,大部分时候呈海蓝色的 LED 屏。连廊、礁石像极了现代舞舞台上的装置,各幕之间也几乎不切换布景;第三,为艾鲥达设计的动作——

在凉亭里翻滚,或者和医生坐在椅子上交谈等,非常强调肢体语言的表达,这是戏剧与现代舞的结合。

女主演陈数,绝对是这部剧最闪耀的光芒。不仅因为她是在国产影视剧中吸粉无数的知名明星,也不仅是由于北京舞蹈学院附中的专业学习、东方歌舞团舞蹈演员的经历,使她的肢体表现能力远超一般演员,她在激烈与平缓、深情与自然之间驾驭台词,既是易卜生小说中的艾鲡达,又是每一位向往自由的女性;既是100多年前的人物,也是今天的你我;既是具体的角色,又是象征的意蕴!有了她,文本醒了,舞台活了!

相比之下,凡戈尔医生的扮演者尽管演得非常投入——他扮演一位疼爱年轻妻子,又尊重她的选择的丈夫,是个不错的男人,可是他演得只有一个层次,那就是家庭中的家长里短、一地鸡毛,就像这个年代里盛产的肥皂剧。当然,比起其他几位演员——靠着朗诵腔立在舞台上,他还是好多了!

非常巧合的是,有"现代艺术之父"之誉的塞尚,与易卜生同于1906年离开人世,塞尚的名言"艺术乃与自然平行之和谐",表明了再现和表现均非他所求,他追求的是在艺术和现实世界之间实现新的综合。

在这部北京当代话剧团的《海上夫人》里,易卜生的剧本可被视作已经存在的现实世界,王媛媛和陈数想要演绎的,是她们的艺术表现和剧本的综合,而不仅仅是再现一个100多年前的故事。因此,当我们看着淡化了年代特征的舞台,联想的不仅是剧本所反映的19世纪末期,经历了启蒙运动之后的欧洲,人性的觉醒,对自由的追求;还联想到自身和当下:自由地做选择,拥有选择权,难道不是每个个体该被赋予的权利吗? 难道不是每个个体都应该拥有的自觉追求吗?

剧中的另一处支线可以被理解为隐含着的伏笔——大女儿博列得和教师阿恩霍姆的关系,大女儿向往外面的世界,当教师向她求婚,承诺带她去外面的世界,其实,这又是一出交易的达成。借着陈数的表演,我们可以检视自己以及身处的这个时代:我们,朝着自由,朝着选择权,前进了多少？世界,是变好了还是变糟了？经典之所以是经典,就在于它有穿越时空的永恒追问,而王媛媛和陈数,让这样的追问从舞台直击观众席。

在 2017 年 7 月德国鲁尔艺术节的开幕式上,艺术总监霍夫曼先生有一段致辞:"水已不只是淹到我们的脖子。我们已经沉没,深深地沉入水中……一片混沌,我们已不能理解这个世界。要抓住什么,放弃什么,支配什么,抵抗什么……戏剧！舞台！幕布打开,就打开了另外一种可能世界的大门,也许并不是更好的世界,但却会是一个无畏、狂野的,又温柔、生动、可笑的世界。它会使人们获得这才是生活本来样子的感受。并且,这种生活可以一遍又一遍的重演。通过演出,它将我们无法呼吸的头抬出水面。这就是戏剧应该做到的！"

这也是我心目中的戏剧！"戏剧应该做到"——让我们通过舞台,理解世界,理解生活！而艾鲡达、王媛媛、陈数三个女人联手的《海上夫人》,做到了！

# 后　记

　　我的第一本书,是在30岁那年出版的,那当然不是一本学术专著,而只是关于时尚、生活和人生的一些遐思,既简短又片面,但那是真实的我。

　　光阴弄人,转眼,许多年过去了,之后的我又经历了多种人生角色——一个辞职的记者、一个不成功的创业者、一个高龄博士、一个国有文艺院团中层干部,然后,走上了科研的道路。

　　作为大龄科研新人,我的内心,其实并未把自己当作学者,我只是跟随自己的兴趣,试图解答心中的疑问;而写这本书,已贯穿了八年时间:在中国艺术研究院的三年博士学业,在中国东方歌舞团任企划宣传部主任的三年,在中国艺术研究院文化发展战略研究中心专职从事研究也已两年多。

　　在思想解放的20世纪80年代中成长,经历过市场经济兴起的90年代,并在2000年创办文化产业公司的我,对于艺术的认识是根深蒂固的:艺术,首要的价值是养人,但艺术也是可以赢利的。那么,以艺术价值为优先目标,同时艺术如何获取经济回报,这些是我最大的关切。

　　事实上,作为一名曾经的经济学专业本科生,一位文化产业失败的创业者,我是带着疑惑开始艺术管理方向博士学习的。但三年求学并没有解开我的困惑,之后身处有着半个多世纪荣光的中国东方歌舞团,我的问题更是越积越多。

　　写书是枯燥的,作为一个无所专长,但好奇心永远满格的人,我只是在读书、看戏以及艺术管理实践的过程中试图厘清一些想法。在学术研究的路上,难免孤寂、清贫,可是,带着真诚和爱去思考,带着有益于解决问题的期待,这带给我存在感。真材实料、真情实感、真知灼见,我以这三条为准则要求自己,我要对得起所付出的时间,这是我有限人生的高昂机会成本。

　　附录里收入的11篇剧评,是我近年撰写的剧评的一部分。舞台是镜像,折射出台下观者的人生。看戏和写剧评,是我的成长记,它们塑造了我,因此,我对表演艺术的爱发自内心,充满感恩!我更相信,人皆是有使命而来。上天赐我的幸运也好,给我的历练也好,是要让我为搭建让艺术和经济共舞的舞台出一份力!所以,关于此书,我真正试图回答的是:表演艺术如何通过合理的商业模式设计,更好地成为人类生活的精神伴侣和社会经济发展的助推器呢?

　　要感谢的人太多,你们都在我的心里!我会继续努力,以此回报师友,回报社会!

林　洁

2018 年春

**图书在版编目（CIP）数据**

演艺企业商业模式研究:理论和个案／林洁著. —
杭州：浙江大学出版社，2018.8(2021.5 重印)
ISBN 978-7-308-18374-1

Ⅰ.①演… Ⅱ.①林… Ⅲ.①文化产业－企业发展－
商业模式－研究 Ⅳ.①G124

中国版本图书馆 CIP 数据核字（2018）第 137264 号

**演艺企业商业模式研究:理论和个案**

林　洁　著

| | |
|---|---|
| 责任编辑 | 钱济平 |
| 责任校对 | 吴水燕 |
| 封面设计 | 春天书装 |
| 出版发行 | 浙江大学出版社 |
| | （杭州市天目山路 148 号　邮政编码 310007） |
| | （网址：http://www.zjupress.com） |
| 排　　版 | 浙江时代出版服务有限公司 |
| 印　　刷 | 广东虎彩云印刷有限公司绍兴分公司 |
| 开　　本 | 710mm×1000mm　1/16 |
| 印　　张 | 13.75 |
| 字　　数 | 198 千 |
| 版 印 次 | 2018 年 8 月第 1 版　2021 年 5 月第 3 次印刷 |
| 书　　号 | ISBN 978-7-308-18374-1 |
| 定　　价 | 45.00 元 |